SIGO DICIENDO

SIGO DICIENDO

LOS MONÓLOGOS DE LA SEXTA

ANDREU
BUENAFUENTE

Planeta

Obra basada en el programa de televisión «Buenafuente» © laSexta, 2010

www.buenafuente.lasexta.com

Diagonal, 662-664, 08034 Barcelona (España)

Ilustración de la cubierta: Luis Gaspardo

Primera edición: marzo de 2010
Depósito Legal: M. 9.104-2010
ISBN 978-84-08-09262-9
Composición: Víctor Igual, S. L.
Impresión y encuadernación: Dédalo Offset, S. L.

El papel utilizado para la impresión de este libro es cien por cien libre de cloro y está calificado como **papel ecológico**

Dedicado a los que ven el programa,
sin mirar el reloj

«Hoy he soñado con Michael Moore, un submarino,
@Buenafuente, pirañas y tortugas O_O»

Ixowa, 10 de enero de 2010,
en el Twitter de @Buenafuente

ÍNDICE

¡SÍ QUE PASA ALGO: ¡ES UN PROGRAMA DE TELEVISIÓN!

Hay dos frases de «autoayuda de salón» que llevo siempre en mi memoria. Ambas las aprendí trabajando en la radio. La primera de ellas me la regaló un locutor experimentado un día que me vio lleno de ansiedad preparando un programa: «Tranquilo. Nunca pasa nada. Y si pasa... ¿qué pasa?» La segunda la repetía día sí día no un compañero locutor para enfrentarse a esa misma situación de desasosiego: «Tranquilo, sólo es un programa de radio.» Ambas frases, hermanas en cuanto a que pretenden ser bálsamos para el profesional nervioso, se refieren a la pasión con la que aquellos que amamos este trabajo nos enfrentamos a él. Y ambas predican la calma, señalando que cuando las cosas salen mal podemos consolarnos con que al día siguiente, o a la semana siguiente (si nos siguen queriendo las audiencias, claro), tendremos una nueva oportunidad. Nos ayudan a quitarle hierro al asunto, porque nuestro trabajo, el entretener, es perecedero, un humo que se disipa en el tiempo.

Una vez, en la tele, ante el evidente aumento de responsabilidad y repercusión del nuevo medio, me di cuenta de cómo podía multiplicarse exponencialmente el nivel de estrés al enfrentarme a un trabajo que es a la vez una mezcla de vocación, *hobby* y expresión artística. En televisión, la gente que provenimos de la radio solemos emplear los trucos aprendidos hasta entonces y echamos mano de nuestra experiencia previa. Y las dos frases de las que os hablaba al principio ganaron en peso, importancia y valor terapéutico. Pero

—ay, caramba— cuando las cosas nos salen bien y volvemos contentos, satisfechos y anchos a casa, entonces no podemos evitar sentir la angustia de perder para siempre lo que hemos construido con tanto cariño. «Nunca pasa nada» y «sólo es un programa» pasan entonces de ser un alivio a una pesada carga.

Andreu Buenafuente ha superado ya la cifra de los mil monólogos en televisión, en una carrera insólitamente larga y fructífera en este medio, de la cual he sido testigo de excepción durante los últimos tres años. Cada noche me siento en el sofá de invitados, justo detrás de la pared que él tiene a sus espaldas mientras monologuea, y le veo juguetear con un texto que cada día un equipo de esforzados y lúcidos guionistas le preparan y le construyen a su medida. Se regodea y se revuelca con él, pone de su cosecha, lo sublima en palabras y lo transforma en risas. Lo convierte en algo único.

Un año más, este libro intenta dejar constancia del esfuerzo y el talento de un humorista y su equipo que cada noche viven su programa de televisión como si fuera el último y el más importante. Eso sí, si algún monólogo no les acaba de gustar, piensen que «nunca pasa nada», y que «sólo es un programa de televisión».

BERTO ROMERO

NADA ES SERIO

Estoy en Nueva York mientras escribo este prólogo. Son las dos de la mañana y en la calle tenemos diez grados bajo cero de temperatura. Llevo un montón de días andando, comiendo, saturándome de información, aprendiendo a pedir un café con leche y fumando más bien poco. Muchas de esas cosas las he ido comentando con nuestros seguidores a través de Twitter (menudo invento) y algunos de ellos ya han hecho «la pregunta»: «¿Lo vas a contar todo en un monólogo?» Sí, amigos, por fin puedo afirmar que los monólogos me persiguen. Aún diría más: me persiguen, me atrapan, me poseen y luego voy y lo suelto. Me siento como el filtro de una cafetera. Esto empieza a ser algo paranormal (como se entere Íker Jiménez...) que forma parte de mi cotidianidad. Yo me lo tomo por el lado cómico, como todo. Los monólogos son una de las vías de comunicación que tengo y disfruto. John Lennon solía decir que escribía canciones para sacarse de encima a sus «monstruos». Creo que a mí me sucede lo mismo, y no es que quiera compararme con el genio. Quiero decir que después del monólogo de cada noche me queda una agradable sensación de alivio, un instante de felicidad, de trabajo (¿bien?) hecho. Es un pellizco en el estómago. El aplauso del público suena de verdad, explica un montón de cosas, crea un vínculo, emociona... Y claro, es adictivo.

El pasado mes de noviembre de 2009, llegamos a los mil monólogos. ¡Mil! ¡Y todos diferentes! Mil momentos en los que me he puesto delante de la cámara y he dicho lo de «hola, buenas noches desde Barcelona» y, a continuación, la perorata. (Me gusta la palabra «perorata».) Primero pensé que acabaría por resultar pesado o que la gente cambiaría de canal al descubrir a un parlanchín con gafas y cara de niño. Luego tuve el miedo de que no me escucharan porque sencillamente no les interesaba. Más adelante creí notar que se reían conmigo (y no sólo de mí) y pensé: «Pues tú tira, Andreu, que si eso ya te dirán que lo dejes.» No me lo dijeron y cuando lo insinuaron, me cambié de cadena. Ahora, a estas alturas y mil monólogos después, ya no sé qué pensar. Quizás lo mejor sea no pensar en nada, sino seguir y disfrutar del viaje. Sí, eso va a ser lo mejor. Porque si antes de salir al plató pensaras con detenimiento la de gente que va a verte, las repercusiones que puede tener lo que dices y todas esas cosas, te quedarías en un rincón, temblando y con un embudo en la cabeza. De ahí a invitado de un programa del corazón hay un solo paso. Un cómico debe pensar lo justo para soltarlo, sorprender, incordiar y divertir. Y mañana, otra vez.

Espero que la lectura de este libro les traslade a esas noches de risa que hemos pasado juntos. Les aseguro que yo guardo todas y cada una de ellas a buen recaudo. Forman parte de mi vida, van conmigo a todos lados. Hasta cuando me hago fotos con gente que me dice: «Ya sé que no te gustan las fotos.» Debo decir, en honor a la verdad, que gozo de un equipo maravilloso de guionistas que se esfuerzan en pensar como yo lo haría. Ni que decir tiene que me mejoran, porque yo pienso mucho pero desordenadamente. No priorizo. Mientras escribo esto, pienso en la de luz que pagarán en Nueva York, y a ver qué puede importarme a mí, si yo me voy pasado mañana. Mientras haya luz en el aeropuerto... Bueno, a ver: los guionistas me ponen la pelota justo en el punto para que chute, me divierta, los divierta a ustedes y se obre el pequeño o gran milagro de la comedia. Ahora que no me escuchan les diré que cada vez escriben mejor, que se nota la progresión, el aprendizaje y esa mala leche contenida que se licua en los textos, transformándose en humor. ¡Son los alquimistas del audiovisual! ¿Os gusta, chicos (y chicas) de guión? ¡Lo he escrito yo solo!

Me despido con una cita del admirado y prematuramente desaparecido Francisco Casavella: «Todo es terrible, pero nada es serio.» Ahí está la clave de los monólogos. Les dejo que va a salir Letterman.

ANDREU BUENAFUENTE
Nueva York, 2010

FACEBOOK

El Partido Popular se está modernizando. Ahora, ya hay alguno que estará pensando: «Ya está: Fraga se ha apuntado a clases de batuka.» Nooo. Aunque pagaría por verlo. Ese hombre balanceándose al ritmo de la música y gritando: «A los bailarines habría que colgarlos de algún sitio.»

No, lo que pasa es que el PP está organizando una quedada a través del Facebook. Hablarán de sus cosas: que si Espe o Gallardón, que si vamos a pie o en helicóptero, que si Aznar usa Pantene o Vidal Sassoon...

Yo estoy muy enganchado a esto del Facebook. Saben lo que es, ¿no? Una página web que sirve para mantener relaciones con mucha gente. Como *traviesas.com* pero sin traviesas.

Básicamente, sirve para estar en contacto con todas las personas que conoces y con muchas que conoces y a las que querrías olvidar. Desde tu mejor amigo hasta aquella señora tan maja que una vez te dio el ticket en un peaje. Que, por cierto, se ha casado.

Yo me paso el día agregando amigos. Acepto a todo el mundo: «Joan Eloi quiere ser su amigo: aceptar»; «Luis Cobos quiere ser su amigo: aceptar»; «Satanás también quiere: aceptar»; «El Gran Wyoming quiere ser su amigo: ignorar.» Que tengo principios, ¿eh? Y como decía Groucho Marx: «Y si no les gustan, tengo otros.»

El Facebook es muy adictivo. Un día se me colgó el ordenador y fui casa por casa, llamando al timbre: «Hola, Andreu Buenafuente quiere ser su amigo. ¿Me acepta?» Y la señora: «Ssssss.» Y yo: «¿Eso es que sí?» Y ella: «No, señor desconocido, es el *spray* de pimienta que le estoy rociando en los ojos.»

El que tiene muchos amigos es Obama. El otro día leí que tiene más de tres millones. Igual que el Facebook del INEM.

Yo tengo un amigo, el Castillo, que sólo habla con su novia por el Facebook. El otro día le mandó: «Antonio te ha mandado una solicitud de coito.» Ella le respondió: «María te invita a jugar al solitario.» Y me escribe a mí, y me pregunta: «¿Qué te parece? ¿Qué querrá decir?» Y yo le digo: «Pero tú eres tonto, Antonio, o ¿qué te pasa?» Y él: «¿Quieres ser mi amigo?» «Que noooo, qué *pesao*.»

Los más afectados son los adolescentes. Están tanto tiempo conectados que han olvidado qué forma tienen las personas. Yo he visto a chavales en el parque hablando con las palomas. Les decían: «Tía, ¿vamos a jugar a la Play?» Y la paloma: «Brrrr.» La paloma es el animal más absurdo del mundo. ¿Se han fijado que camina con las patas atrás? Había que verlos, al chaval y la paloma. «¿Tú no tienes página web?» Y la paloma: «Brrrr.» Así se estuvo una hora y me decía a mí: «Se ha *colgao* la paloma.» «¿De qué me estás hablando?» Digo: «Nene, los animales no se pueden reiniciar. ¿No lo entiendes?» «¿Quieres ser mi amigo?», me suelta. Y yo: «¡Que nooo!»

Además, en el Facebook puedes poner qué estás haciendo en cada momento, como si eso le interesara a alguien. Por ejemplo, si ahora entras al Facebook de Montserrat Nebrera pone: «Riéndome de un andaluz.» O si entras en el de Iberia, pone: «Viendo las Olimpiadas de Barcelona.» Es que hasta en el Facebook van con retraso. También puedes indicar tu situación sentimental: «La duquesa de Alba está ahora en una relación.» Que cuando leí esto, el ordenador mismo cogió su propio teclado y se golpeó hasta autodestruirse. «¡Dioooos! ¡No puede seeeeer!»

Hay que tener cuidado en el trabajo, que no te pillen mirándolo. Se han dado casos de despidos: «¡Basta ya, todo el día con el Facebook!» Y el tío: «Bueno, señor director, es que trabajamos en Facebook.»

Pero lo que todo el mundo mira son las fotos. Me he fijado en que todos cuelgan fotos abrazándose con gente: «Mi madre y yo», «Mi dentista y yo.» El otro día me atracaron por la calle, y le pedí una foto abrazados para colgarla en el Facebook: «Mi atracador y yo.»

No sé, no sé, yo creo que me voy a borrar del Facebook. Porque para tener a un grupo de falsos amigos, me voy a una asamblea del Real Madrid.

EMITIDO EL 14 DE ENERO DE 2009

METER MIEDO

El ministro Solbes, en una entrevista, aseguró que el paro podría llegar a los cuatro millones de personas. La situación es como la voz de Bibí Andersen: muy grave. Habrá tan poca gente trabajando que a España la llamaremos la Zarzuela.

Solbes admitió que se equivocaron y que la situación es mucho peor de lo que creían. A buenas horas mangas verdes, que no sé lo que significa pero es una expresión que siempre se ha usado, aunque yo no le veo ningún sentido.

El PSOE no fallaba tanto en una predicción desde que intentaron adivinar la edad de De la Vega. La cosa está muy mal, ya ves las noticias con miedo. Tú estás en tu casa tan tranquilo y de repente suena la sintonía del informativo y pegas un salto en el sofá: «¿Qué, qué pasa? ¡Crisis! ¿Dónde?»

Las noticias dan tanto miedo que ahora a los niños ya no se les dice que vendrá el coco. Se les dice: «Cómete las espinacas o vendrá Hilario Pino a leerte los titulares.» Hilario Pino... un presentador que parece que antes de sentarse se ha pillado un huevo. Es un método que funciona, pero no vale cualquier presentador. Un amigo mío le dijo a su hijo: «No te hagas pis en la cama o vendrá Mamen Mendizábal.» Y el niño no para de hacerse pis, ¿sabes? Y el padre no lo entiende. Yo le digo: «Es que pareces tonto, que eso no es una amenaza.»

Está muy de moda ser catastrofista. Ayer salió Hugo Chávez y dijo que a Obama lo matarán si no sigue los mandatos del imperio. Hombre, Chávez, déjale disfrutar un poco, no seas aguafiestas. Es como esas abuelas a las que el día de Navidad, en medio de la comida, les dices: «Abuela, ¿se lo está pasando bien?», y ella responde: «Aaay, yo el año que viene ya no estaré.» Que da un mal rollo: «No diga eso, mujer, cómo no va a estar, si está usted sanísima.» Y ella: «No, que no estaré, que me voy con el Imserso a Hawái.»

Hay que seguir el ejemplo de Obama, que también es catastrofista, pero no asusta. En el discurso de la jura de investidura dijo: «Habrá decepciones y cometeré errores.» Muy bien. Que no le pille a nadie por sorpresa. «Obama, Obama, que ya llevas meses en el cargo y ¡no has hecho nada!» Y Obama: «¿Ves? *Desepciones.*» Y uno: «Es decepciones, con ce.» Y Obama: «¿Ves? Y errores.»

Claro, entre la crisis, las predicciones de Chávez, y el cambio climático parece que el mundo va a acabarse. Ya nadie se acuerda del acelerador de partículas. ¿Se acuerdan de aquello? Que decían: «Cuando arranque esto se va a crear un agujero negro que nos va a chupar», que muchos saltaron de alegría: «¡Ole, ole!» Luego lo contaron bien y no veas qué decepción: «Ooh, que eso es el fin del mundo, ¿no?» Claro, tonto.

Pues en el acelerador ese están las partículas allí, aburridas, sin trabajo: «Bueno... A ver si nos llaman ya por el tema del fin del mundo, ¿no?» Están allí abandonadas, partículas y partículas abandonadas, como la habitación de un adolescente.

Desde pequeños nos meten el miedo en el cuerpo. Y no me refiero a los supositorios. Mi madre, por ejemplo, cuando hacía el tonto me decía: «Si te caes, te pego.» Hombre, mamá, bastante pena tengo ya con haberme caído como para que encima me pegues. O como cuando me decía: «Si te tocas, te quedarás ciego.» Por eso llevo gafas: lo paré a tiempo.

A todo el mundo nos decían cosas para asustarnos. Por ejemplo, a Sarkozy le decían: «Si no te lo comes todo, no crecerás.» No le hizo caso, y mira. O a Paris Hilton, que su padre le decía: «Aaay, Paris, todo el día en la cama, no vas a conseguir nada en la vida.» Aquí se equivocaron. Mira todo lo que ha conseguido por estar todo el día en la cama. Y por grabarlo en vídeo, claro.

Total, que asustar a la población está muy feo. Habría que hacer más caso a los filósofos del siglo XXI: los albañiles, cuando dicen aquello de «Te *vi* a meter de *to* menos miedo.»

EMITIDO EL 19 DE ENERO DE 2009

MADE IN SPAIN

Se acuerdan de Miguel Sebastián, el político con nombre de mayordomo? ¿Sí? Todavía existe, ¿eh? Y sigue siendo ministro de Industria, Comercio y Turismo. Tela, ¿eh? Sus responsabilidades van desde regular el sector siderúrgico, hasta regular la industria de los calcetines blancos para chanclas.

Sebastián ha dicho que hay que consumir más productos españoles para evitar la destrucción de empleo. No lo entiendo. ¿Qué hay más español que no trabajar?

Como ejemplo, ha dicho que la gente no vaya a esquiar a los Alpes, sino a Sierra Nevada. Sí, claro, con la crisis estamos todos pensando en ir a esquiar.

Yo estoy a favor de esta medida. Ya he empezado a consumir productos españoles. Ayer me sirvieron una ensaladilla rusa y le he arreglado los papeles. Lo primero que ha hecho como ensaladilla española ha sido tirarle los tejos a una ración de tortilla de patata: «Guapaaa, ¿quierrrrres que te clave un palillo?»

La verdad es que, en según qué cosas, Sebastián nos lo está poniendo difícil. Por ejemplo, en la tecnología... Es curioso, porque yo el único MP3 español que he visto lo he visto en un chino. En lugar de «Ai-Pod» ponía «Ai-tor». Lo hace una empresa de Bilbao. Y en vez, de «Apple» es «Txapel». Luego ves que sólo tiene una *K*, pero como es de Bilbao, te mete la discografía entera de los Stones. «¿Memoria llena? Mis cojones.»

El problema de defender lo *made in Spain* es que, en España, a la mínima que triunfas, te vas del país. Luis Aragonés: gana la Eurocopa y se va de España. Pau Gasol: triunfa en baloncesto y se va de España. El Dioni: triunfa y se va de España. O la gran triunfadora del momento: Penélope Cruz, ganadora de un Oscar. Una actriz que fue novia de Nacho Cano. Sólo por eso merece todos los premios del mundo.

Los que quieran seguir la propuesta del ministro Sebastián primero deben saber distinguir un producto español de otro que no lo es. Por ejemplo, un kiwi. Se puede saber que un kiwi es español porque ha levantado una urbanización para trescientas mil mandarinas en la sección de frutas: «Mandarina d'Or.»

Ahora en serio. Es una buena propuesta. Hay que apoyar los productos españoles. Sí, amigos. Yo me comprometo a hacerlo.

¡Al toro de Osborne pongo por testigo que nunca más voy a tocar nada que no sea español! Siempre que Scarlett Johanson no me mande un mensaje diciendo: «¿Quieres venir a mi casa esta noche?» Si ése es el caso, lo siento, ministro, yo lo habré intentado.

EMITIDO EL 22 DE ENERO DE 2009

CHINA

China está de celebración. ¿Qué pasa? ¿Por fin han descubierto una cuarta delicia para poner al arroz? No. Están de celebración porque acaba de empezar el año nuevo chino. Ahora mismo, tú pones un canal chino por el satélite, China TV o Chinnel Four, da igual, y hay un señor con capa y kimono: Ramon Chú: «¡*Plimelo* los *cualtos*!»

El 2009 ha sido el año del buey. Se ve que Obama nació en el año del buey. Según el horóscopo chino, son gente metódica, fiable y serena. Pete Doherty también tenía que nacer ese año, pero al final se retrasó y le pilló el año del camello.

También he leído que, para celebrarlo, a muchos niños les han puesto de nombre «Año Nuevo». Durante las Olimpiadas, a muchos les pusieron «Olímpicos». Son gente que no se complica. Ya lo tienen fácil para poner nombres, que tiran un cazo al suelo y lo que suene: «Fiu Chan Clon.» Pero es muy curioso. Piénsenlo. Si esto de llamar a los niños como las últimas noticias de actualidad lo hiciéramos aquí, tendríamos nombres como «Subelparo López», «Ventolera Martínez» o «007 Aguirre».

Eso sí, un respeto, que China es una cultura milenaria. Ha inventado cosas maravillosas como la pólvora, la tinta, el papel o el pan de gambas. Que el pan de gambas tiene una tecnología súper avanzada que hace que se te quede pegado en el paladar durante semanas. Sería el *toffe* de la cultura oriental. Incluso lo usan los dentistas para hacer los moldes para los puentes.

Sin embargo, por lo que toda la gente los conoce es porque si un día saltan todos a la vez, se acaba el mundo. Yo no estoy de acuerdo, lo dejarían *apepinao* y en lugar de rotar como ahora, lo haría como un pollo a l'ast. Pues no estaría mal, *apepinao*, seríamos la envidia de la galaxia, ¿eh? Pasarían los ovnis y dirían, alucinados: «Mira la Tierra, qué bien les ha quedado... Me cago en los chinos.»

Aquí China ha entrado por la cocina. A mí me encanta. He ido a todos los restaurantes chinos de España: El dragón feliz, El jardín feliz, El oso panda triste feliz... Lo que más me gusta es la cantidad de aceite con la que fríen la comida. Es la cantidad justa. La justa para llenar el depósito de mi Hummer.

Pero los chinos, ahora, ya no sólo tienen restaurantes y bazares. Cada vez están más integrados. El otro día entré a un gallego y el dueño era chino. O Percebeiro do Minho, se llamaba. Bueno, O Percebeiro do Minho feliz. Le pregunté si había mesa libre, y me dijo: «*Habel-las*, haylas. ¡Ay, *calallo*!»

El menú era muy raro. Tenía «empanada agridulce», «percebe Pekín» y «queimada de *floles*». No me apetecía y puse una excusa. Le dije que éramos ochenta. Y el chino respondió: «¿Ochenta? ¡Aquí!» Los restaurantes chinos son como el Congreso: siempre hay sillas vacías.

Además, los chinos son los reyes de las imitaciones. El otro día se presentó una amiga con un bolso «Louis Putón». La chica, orgullosa: «Mira, Andreu, hoy voy de Putón.» Y yo no dije nada. Se ofendió.

En fin, le deseamos a los mil trescientos millones de chinos que tengan un buen año del buey y les recordamos que si se les hace muy largo, siempre lo pueden cortar en filetes y ponerle pan de gambas.

EMITIDO EL 26 DE ENERO DE 2009

DESESTRESARSE

Ustedes han insultado alguna vez a un compañero de trabajo? Claro, no me van a contestar, queda raro hablarle a un libro.

Pues ha salido un estudio que dice que insultar en el trabajo desestresa. Lógico. Tú vas al jefe y le dices: «Eres un capullo», y te quedas de un relajado... Luego, ni siquiera te sabe mal hacer la cola del INEM. «Estoy en el paro, vale, ¡y qué! ¡Estoy *RELAJAO*!»

Si es cierto que insultar relaja, entrar en los estudios de la COPE debía de ser como entrar en una comuna *hippie* de los sesenta. Losantos acababa su programa y se quedaba más relajado que Solbes con una sobredosis de Valium.

El estudio también dice que las mujeres insultan mucho en una conversación. Existe lo que yo llamo el momento «ja». El momento «ja» se produce cuando hay un grupo de mujeres hablando y una se va. Hay una pequeña pausa y luego alguna dispara: «Ja, vaya culo se le ha puesto a esa guarra.»

Las mujeres siempre encuentran algún defecto al que agarrarse. Excepto las que están leyendo este monólogo y mi madre.

Y esto nos lleva al momento «por algo será». Por ejemplo, si la chica está delgada: «Claro, como no trabaja, puede estar todo el día en el gimnasio.» Y otra: «Hombre, es que trabaja en un gimnasio.» Y la primera responde: «POR ALGO SERÁ.»

Es una frase que destruye cualquier argumento. «La Juani se ha puesto enferma.» «Por algo será.» «Hoy mi marido estaba de un cariñoso...» «Por algo será.» Que un día escuché a una decir: «Hoy es mi cumpleaños.» Y la otra: «Por algo será.» Es como Paquirrín: un círculo vicioso.

Para los tíos, en cambio, el insulto es una forma de exaltar la amistad. Tú ves a dos amigos que se encuentran y es: «¡¡Qué pasa, capullooo!!» Y el otro: «¡Eeeh, cabronazooo!» «Qué hijoputa.» «Eh, eh, eh, tampoco te pases.» Los hombres somos así. Básicos. Tres insultos: muy amigos. Cuatro insultos: pelea.

El estudio dice que insultar refleja un acto de solidaridad. Yo sé a qué se refieren. Esto es cuando alguien llega y dice: «Yo creo que Vicente, el de administración, es un imbécil.» Y el otro: «Ah, pues yo también.» Solidaridad.

Hay otras formas de desestresarse. Está lo de estrujar algo blandito. Uno de esos muñequitos que cuando los aprietas hacen ese ruidito: «Ñiqui-ñiqui.»

Muy importante, para evitar confusiones, que los hombres no lo hagan mientras están en el lavabo.

Tengo un amigo que iba siempre con una pelotita antiestrés. Se le quedó el gesto de la mano, de tanto hacerlo. Ahora trabaja de gancho en una máquina de peluches. Es lo único que puede hacer el pobre.

Por cierto, ¿alguien en España ha cogido algo de una de esas máquinas? Nadie, nadie, ni quien la inventó. Ya puede estar ahí dentro quienquiera, es igual, María Teresa Campos, que no la puedes coger. No puedes porque al final, cuando te crees que ya la tienes, se te escapa.

Otro clásico es explotar burbujas. Ojo, de plástico. Las burbujas inmobiliarias, cuando explotan, estresan más. Yo, con la que está cayendo en el PP, a Rajoy le forraría el despacho de burbujas de plástico.

Ojo, que las burbujitas son un arma de doble filo. Empiezas tranquilo... Te vas animando... Y al final te estresas más: «¡Teeeeengo que explotaaaaarlas todaaaaas!» Del relax a la locura hay sólo un paso. Créanme, sé de lo que hablo.

EMITIDO EL 28 DE ENERO DE 2009

TUPPER

La crisis está afectando a los hábitos alimentarios. Para empezar, hay ciertos productos que hemos dejado de comprar. Antes, ibas al súper y comprabas caviar de marca. Ahora compras caviar Hacendado. ¿Se acuerdan de Rodolfo Langostino? Era el de: «*Che, llevâme* a casa.» Pues ahora dice: «*Che, llevâme* al paro.» La Gallina Blanca está blanca porque ha visto los datos del paro. Era una gallina normal y se ha quedado blanca y se ha hecho pastillas para el caldo, ¡es la crisis! Hay que ahorrar.

Además, hoy hemos leído que, a causa de la crisis, está creciendo el consumo de *tupperwares*, que es la segunda cosa de plástico más conocida, después de la cara de Silvio Berlusconi.

Ahora, mucha gente se lleva el *tupper* a la oficina. Ves a *brokers* vestidos de Armani que en vez de llevar el periódico *Expansión* bajo el brazo llevan un *tupper*. Que hoy he visto a uno que le decía a otro: «¿Qué llevas hoy, puré?» Y el otro: «Casi, es el Ibex 35.»

Muchos no quieren reconocer que en realidad lo que pasa es que no pueden pagarse el menú. Dicen que prefieren el *tupper* porque es como comer en casa. Que yo pienso: «¿Dónde vives, en una casa de plástico? ¿Eres Pin y Pon o qué?»

Otros llegan a la oficina con veinte *tuppers*, para no mezclar la comida. Hay uno del equipo que hoy traía paella, pero por separado. En un *tupper* el arroz, en otro las gambas, en otro el sofrito... Luego se lo ha comido, también por separado, y al final, se ha bailado una lambada para mezclarlo todo dentro del estómago.

Lo peor de llevar *tupper* es tener que calentar la comida. Porque, normalmente, en una oficina, hay un solo microondas para ochenta personas. Que para comer a las dos tienes que empezar a hacer cola a las once. Y claro, cuando te toca, después de que ochenta personas hayan puesto su comida ahí, abres el microondas y te sientes como Ángel Cristo, metiendo la cabeza dentro de la boca de un león. Que eso nunca se ha dicho pero, ¿cómo tiene que oler un león por dentro? Que no estás para oler porque estás *cagao*, pero ahí dentro... Vamos, que tiene que ser incluso peor que despertarse junto a Bárbara Rey.

Volviendo al tema, tengo un amigo, el Roca, que viene con el *tupper* vacío y se lo llena con los restos que quedan en el microondas. «Es que yo soy de plato combinado», dice. «No, tú eres un guarro.»

Aunque no lo parezca, hay algo peor que llevarse el *tupper* a la oficina, y es ir a comer a un bar de menús. Para empezar, ya no puedes ni entrar. Hay un muro invisible que te impide el paso. Sí, amigos, estoy hablando de... ¡el tufo a aceite recalentado!

Ese olor es tan denso que si te quedas con hambre, basta con abrir la boca y masticar. Hasta te sube el colesterol. Si te alcanza, te recubre el cuerpo con una fina capa de aceite. Se pega en la ropa, se pega en los vaqueros, que te piensas que un vaquero lo repele todo. ¡Y un huevo! Lávalo ya.

Cuando comes en un bar de menús, entras por la mañana como administrativo y vuelves a casa como gladiador, todo embadurnado de aceite. Abrazas a tu pareja y sale disparada. Yo, para quitarme ese olor, me ducho en el lavavajillas.

Luego están las famosas reuniones de Tupperware. Quince personas en el comedor de tu casa y una diciendo: «Esto es una caja de plástico... que se tapa con una tapa de plástico.» Que tú dices: «¿Y esto no me lo podía decir por teléfono?» Que, por cierto, normalmente estos vendedores son muy convincentes. Son capaces de colarte cualquier cosa. Como Wyoming a «Intereconomía».

De todos modos, que la crisis está afectando a los hábitos alimentarios ya lo sabíamos. Hace meses que nos estamos comiendo un marrón.

EMITIDO EL 3 DE FEBRERO DE 2009

REUNIONES DE VECINOS

En mi repaso diario a la prensa extranjera, he visto una cosa curiosa en el periódico *Le Monde* —en español, «La Monda»—. Sí, es como *El Jueves*, pero en francés. Ojo al notición: Nicolás Sarkozy acudió a una reunión de vecinos para defender a su suegra.

Sarkozy es como el primo de Zumosol, pero en pequeñito: el chupito de mandarina. El presidente francés es como la crisis, está en todas partes. Es hiperactivo. Que el día que se encuentre con Pocholo, explotará el mundo.

Se ve que la suegra de Sarkozy, la *mère* de la Bruni, quería instalar alcantarillas en el vecindario y el resto de vecinos se oponía. Esto es cierto. Que no se me ocurre a mí por qué alguien iba a estar en contra de las alcantarillas: «No, alcantarillas no pongáis que luego se juntan las Tortugas Ninja y hacen botellón.»

Total, que para intimidar, la suegra se llevó a Sarkozy a la reunión. El tío llegó en su coche oficial, un Micro Machine, y una vecina: «Uy, hoy ha venido con su nieto.» Debieron de flipar. Imagínate que estás en una reunión de vecinos y aparece Zapatero: «Un poquito de por favor... Vamos a crear un plan de rescate para las pinzas que han caído al patio de luces.»

Normalmente, las reuniones de vecinos siempre se hacen porque hay algún marrón: pintar la fachada, arreglar tuberías, que si tu Hummer ocupa dos plazas... Nunca se ha visto a un presidente convocar una reunión para decir: «Y porque sois mis vecinos y os quiero, ¡os daré tres mil euros a cada uno y una foto dedicada del Duque!»

La pesadilla empieza cuando, un día, entras feliz en el portal... tarareando: «¡Lalaralarala!» Aunque parezca un gilipollas, esto sería la felicidad... Llegas y, de repente, en el corcho informativo ves... ¡el cartel que anuncia la reunión!

No puedes fingir que no lo has visto, porque han puesto otro en el ascensor. Y en cada rellano. Y en cada puerta. Yo tenía un presidente de escalera que entraba en mi casa mientras me duchaba y lo escribía con el dedo en el vaho del espejo: «Reunión para poner la TDT. Viernes 13.» Y luego se iba al comedor y en la pared, escrito en sangre, ponía: «Ven o pasaremos el bajante por tu comedor.»

Siempre hay el típico que pasa de todo. Que está todo el mundo pasando frío en el portal, discutiendo sobre si poner o no tela asfáltica, y llega la típica vecina, como si nada: «Buenas nocheeees.» Y se va a su casa. Claro, todos la siguen con una mirada inquisitiva. Parece la escena final de la peli de Hitchcock *Los pájaros*. En este caso, *La pájara*. Se hace un silencio incómodo. Todos los vecinos la matarían pero nadie da el primer paso.

Me estuve fijando y las reuniones son como el Congreso. Está el que viene y se duerme, como Solbes. La anciana que viene en pijama, como De la Vega. Y luego está la vecina que se pasa el día pegada a la mirilla, espiando: Esperanza Aguirre.

Y luego está el administrador. Que lo reconoces porque es ese hombre gris que está completamente acojonado y que habla como si se hubiera comido una botella de helio: «Si a ustedes les parece, procedemos a votar la derrama.» Dan ganas de adoptar a uno. Pobres, son las personas más insultadas después de los encargados del departamento de reclamaciones de Barajas.

En fin. Las reuniones de vecinos son como la vida sexual de Joan Eloi: largas, aburridas y, con suerte, una vez al año.

EMITIDO EL 4 DE FEBRERO DE 2009

LA GRIPE

Amigos, hay algo que nos amenaza. Es pequeñito y muy violento. No, no es María Patiño. Es el virus de la gripe.

Uno que la pasa cada año es el actor Enrique san Francisco. Algunos ya le llaman *En-gripe* san Francisco. Sé que es un chiste malo, pero la mitad de los guionistas también está con gripe. Concretamente, los guionistas buenos. Tengo chistes a medias, que es peor que un chiste malo. Hay uno que termina con: «... que Paquirrín comiendo berberechos», pero no sé cómo empieza. Y eso que prometía.

Y entre que media España está de baja y la otra mitad en paro, está todo desierto. Fíjate si hay poca gente que he venido conduciendo el Hummer por las aceras. Y luego, sin bajarme del Hummer, he cogido el metro, bajando las escaleras como un rey. Estaba más vacío que la agenda de Loco Mía.

Se ve que es imposible controlar la gripe porque está en continua evolución. Como los Pokémon. O como el Partido Popular: cuando crees que tienes controlado el tema del espionaje, muta a corrupción. Además, cada año la gripe es más violenta que la del año anterior. Que hay discotecas que ya han empezado a llamar a la gripe, en lugar de a los Miami. O sea, que hemos llegado a la luna pero somos incapaces de controlar un bicho.

La gripe es muy molesta. Los síntomas son sudor, mocos, tos, fiebre, con delirios si es muy alta... Los mismos que tenía la niña de *El exorcista*. ¿Ya probaron a darle un Frenadol? A lo mejor sólo era gripe. Vale que la peli hubiera sido un poco más aburrida. La niña:

«¿Has visto lo que ha hecho la guarra de mi gripe?» Y el cura: «¡Abuelo!, ¿ha visto el Iniston?»

Lo mejor cuando tienes gripe es poder ver la tele por la mañana en pijama y sin ducharte, que te ofende pero como es tuyo... Yo me enganché a «Saber vivir», el programa de Manuel Torreiglesias. De hecho, yo creo que la gripe la fabricaba él para tener más audiencia. Se quedaba a los abuelos que iban de público y los encerraba en un sótano, para perfeccionar el virus. «¡Venga! ¡Ponedle más toxinaaaas!» Algo de eso explicó Pepe Colubi cuando vino al programa.

La gripe es como el rey Misterio: se pega en seguida. Si alguien la coge, toda la familia cae. Un amigo me dijo: «Mi mujer debe de tener una gripe muy fuerte.» Y yo: «¿Por qué?» Y el pobre: «Porque ha contagiado a toda la escalera.»

Pero lo peor de la gripe son los mocos, otro enigma... ¿Dónde está toda esa mucosidad cuando no estás resfriado? ¿Lo han pensado alguna vez? Es que da para mucho una gripe. Todo esto que me sale, ¿dónde estaba?: ¿en la nariz?, ¿en la musculatura?, ¿por qué se genera?

Yo, cuando estoy resfriado, uso muchos *kleenex*. Tantos, que incluso se instaló un chino en mi comedor, vendiéndome pañuelos. También aprovechaba y me limpiaba el cristal de las gafas. Por cierto, el *kleenex*, amigos, tiene una vida limitada. No hace falta usar siempre el mismo. «¡Todavía queda una puntita sin usar!» Y el *kleenex*, desesperado: «Por favor, ¡maaaátameeee!»

Sólo hay una cosa que te hace recuperarte de golpe, que tu madre diga: «Ahora vengo y te cuido.» De golpe te sientes mejor: «No, mamá, si estoy bien.» Pero antes de acabar la frase ya está en tu casa. Es muy rápida, mi madre. A veces, la policía la llama a ella, en lugar de a Batman. Proyectan la imagen de un rulo en el cielo y ella ya sabe que tiene que ir.

Que luego viene, y lo único que hace es mandarte a la cama y arroparte muy fuerte. No puedes ni respirar. Que te pregunta:

«¿Cómo estás de la gripe?» Y dices: «Bien, ahora me preocupa más la gangrena.»

Resumiendo: la gripe te obliga a estar en la cama, te pone caliente, y sólo trabaja una vez al año. Por eso, cuando la pillo yo digo que estoy con Paris Hilton.

EMITIDO EL 9 DE FEBRERO DE 2009

MEMORIA

Hay una noticia que me ha dejado alucinado. Me refiero a un descubrimiento que ha hecho la Universidad de Amsterdam: un fármaco que borra los recuerdos de la gente. A diferencia de otro método que ya tenían los holandeses, éste no se fuma, no hay que liarlo y viene en comprimidos.

Hay quien dice que llevan quince años descubriéndolo, pero claro, no lo recordaban. «He inventado un fármaco que borra la memoria.» Y otro científico: «¿Un fármaco que qué?» Y él: «¿Un fármaco que qué de qué?»

Este medicamento se utilizará básicamente para borrar los recuerdos traumáticos, asociados con el miedo. Te lo tomas, se va el trauma y se va el miedo. El Partido Popular ya ha encargado varias cajas para dárselas al Congreso de los diputados, y que se olviden de la «memoria histórica». Muchos militantes también han probado el fármaco para olvidar las últimas semanas.

A mí esto no me hace falta, porque yo soy muy despistado. Me olvido de todo. Bueno, yo le puse «Buenafuente» al programa porque nunca me acordaba de cuál era el mío. Yo sabía que tenía un programa de tele pero no recordaba dónde. Me iba a Antena 3 y me decían: «No, que aquí ya no estás.» «Ah, perdón.» Y venía Matías: «¿Tienes ya tu cuenta naranja?» Y yo: «Déjame, déjame, si yo ya no estoy aquí.» Y Matías de lejos: «Pues tú te lo pierdes, piénsatelo.» Me paseaba por todas las teles buscando mi programa. Que Ana Rosa estaba ya harta de encontrarme en su sofá. «¿Qué haces aquí?», me decía. «Yo qué sé.» Y me sacaban de allí, con mucha educación eso sí. Y al final decidí ponerle «Buenafuente» al programa y así cada día vengo aquí y ya está.

A todos se nos olvidan cosas. Tengo un amigo que se olvidó de recoger a su hijo del colegio. Un disgusto, cuando se acordó... Llegó a casa y su mujer: «¿Y el nene?» «Uy, mecachis.» Salió corriendo. Llegó a la puerta del colegio y le preguntó a uno: «Señor, ¿ha visto usted a mi hijo?» Y el señor: «Soy yo, papá, Carlitos. Que hace veinte años que espero. Por cierto, ésta es mi señora.» Y el padre: «Pues sólo he traído un bocadillo de Nocilla.»

Es horrible cuando alguien te saluda y no te acuerdas de quién es. «¿Te acuerdas de mí?» Y tú: «Hombreeeee.» Y tus neuronas, moviéndose como locas: «¡Rápido, rápido! ¡Más jalea real!» Entonces intentas sacarle información sin que se note: «Uy, no nos veíamos desde... ¿cuándo fue?» Y él: «Desde la última vez.» Que tú piensas: «Cabrón.» «¿Y sigues... con aquello tuyo que hacías?» Y él: «Sí, sí, sigo igual. Oye, apúntate mi móvil.» Y tú: «Eeeeh... Sí... ¿Me deletreas tu nombre, que siempre lo escribo mal?» Y él: «¿Cómo vas a escribir mal Gaspar Llamazares?»

Volviendo al fármaco de la memoria, seguro que lo ha inventado un hombre, porque una mujer nunca olvida nada. «Cariño, ¡feliz San Valentín! ¡Te he comprado bombones!» Y ella: «Ah, mira, este año te has acordado. No como en el San Valentín de 1987.» Las mujeres son una enciclopedia del reproche: la *Rencorpedia.* Tú les dices un día al azar, y ellas te recuerdan todo lo malo que hiciste ese día, como un ordenador. Por ejemplo: «23 de mayo de 2001.» «No bajaste la tapa. Me dijiste que me había engordado. Me borraste *Pretty Woman.*»

Por suerte, hay una serie de técnicas para no olvidarse de las cosas. Por ejemplo, apuntártelas en la mano. Que ahora mismo miras la mano de Zapatero y pone: «Solucionar la crisis.» Y en la izquierda: «No hacer caso a la mano derecha.»

Dicen que el animal con más memoria es el elefante. Es cierto.

Mira *Dumbo*, se sabía el papel de memoria. No hizo falta repetir ninguna toma. En cambio, *Buscando a Nemo* fue un drama. Como los peces sólo tienen tres segundos de memoria, había que parar todo el rato. Un poco como Magdalena Álvarez, que empieza a hablar y a los tres segundos se pierde.

En fin, que... que... Ahora he olvidado cómo acababa el monólogo.

EMITIDO EL 16 DE FEBRERO DE 2009

CASINOS

Amigas, amigos, Joan Eloi... Tengo que anunciarles una mala noticia. Es sobre Donald Trump, el magnate con nombre de pato, el multimillonario: ha perdido muchos kilos...

Sí, al revés que King África, que no para de ampliar su imperio corporal. No, en serio. La cadena de casinos americanos del señor Trump ha declarado suspensión de pagos. De hecho, han empezado a cambiar los letreros, y en lugar de casino, ahora pone «casi-ná». Éste es mío.

Un casino sin dinero es como Montilla y Solbes cantando una chirigota: no tiene gracia. ¿Han estado alguna vez en uno? Es como el Juegos Reunidos Geyper pero a tamaño real. Bueno, para Sarkozy el juego de mesa ya era a tamaño real.

Yo, la primera vez que entré en uno, aluciné. Estaba lleno de gente gritando y ganando dinero. Pensaba que estaba en el plató de «La Noria». Que sonó una tragaperras y me puse a bailar, pensando que anunciaban un politono.

Por cierto, señores fabricantes de tragaperras. Ya va siendo hora de que cambien los dibujitos de frutas de las máquinas. ¿Desde cuándo tres cerezas simbolizan el dinero? Como mucho simbolizan un Pachá y medio. Cámbienlo ya. Por ejemplo, si salen tres Emilio Botín, premio gordo. Si salen tres Nissan, lo pierdes todo. Si salen tres Julián Muñoz, es que te han robado la cartera o que llevas los pantalones por el sobaco.

Y otra pregunta: ¿Por qué siempre hay chinos jugando a las tragaperras? Hay muchos. De hecho, desde el espacio sólo se ven la muralla china y la cola de chinos para jugar a las tragaperras. Tienen los ojos achinados de mirar la ranura del *«insert coin»*. Si hasta el gato de la suerte mueve el brazo arriba y abajo porque está metiendo monedas.

Otro juego típico del casino es la ruleta. Dicen que es como echarle una carrera a Fraga: tienes muchas posibilidades de ganar. Aunque eso sí, hay que saber las normas. Que yo tengo un amigo que fue a un casino a jugar a la ruleta y quiso comprar vocal: «¡Compro la *a* y resuelvo panel!» Y el crupier: «¿Tengo yo cara de Jorge Fernández?»

Luego está el póquer, un clásico que consiste en poner cara de palo y no decir la verdad, como Acebes. El póquer es una metáfora de la sexualidad humana, porque con un trío triunfas, con una pareja te la juegas y si no consigues ligar nada, siempre te queda el solitario.

Las medidas de seguridad de los casinos son espectaculares. Estás permanentemente observado. Tienen mil cámaras ocultas. Es como estar en la sede del PP de Madrid.

Si hablamos de casinos hay que hablar de Las Vegas. A mí, de Las Vegas, siempre me ha inquietado lo de las bodas. Que yo me pregunto: «¿En qué momento una pareja dice: "Es el día más importante de nuestras vidas, creo que deberíamos disfrazarnos de Elvis y Marilyn"?» Es como si aquí nos casáramos vestidos de Nino Bravo y Lina Morgan. «Pueden besarse.» Y ella se abalanzara sobre el novio moviendo la pierna.

No nos podemos comparar con los americanos. Ellos tienen *Casino*, de Scorsese. Nosotros, *Los bingueros*, de Esteso y Pajares. Imaginad que nosotros hubiésemos hecho *Casino Royale*, de James Bond. Se llamaría *Bingo Royal*. Y el malo diría cosas como: «Vamos *parrra* bingo, Bond.» Y James Bond: «Póngame un calimocho. Agitado, no mezclado.»

Aunque, en el fondo, España ya es como un gran casino. Al final, siempre gana la banca.

EMITIDO EL 18 DE FEBRERO DE 2009

PECADOS CAPITALES

Un estudio del Vaticano sostiene que los hombres y las mujeres pecan diferente. Luego está el caso de Carmen de Mairena, que podría ser un nuevo pecado en sí misma. Preguntada sobre el tema, ha contestado: «Vaticano, Vaticano, me la coges con la mano.» Y después se ha tragado al periodista. «Sacadme de aquí», gritaba el animalico. «Quédate aquí dentro que estarás calentito», y ahora la Mairena lleva un periodista en la boca, ya ven.

Este estudio tan serio lo publica *L'Osservatore Romano*, el periódico del Vaticano, aunque parece un artículo del *Qué me dices*. En este caso, del *Qué bendices*. Este chiste es el mío. Lo he preparado en casa con mi madre.

Según el estudio, los hombres pecan sobre todo de lujuria y las mujeres, de soberbia. Esto se resumiría en un simple diálogo. Él: «Hola, quiero acostarme contigo.» Y ella: «Claro, normal.»

Además, dice que los pecados que más comete el hombre, en orden, son: lujuria, gula, pereza, ira, soberbia, envidia, y por último, avaricia. Esto es cierto. Piensen en cómo actúa el hombre en cualquier relación de pareja. Lujuria: «Cariño, ¿te apetece...?» Gula: «Espera, que antes me hago un bocata de chorizo.» Pereza: «Uy, es que ahora, con el estómago lleno...» Ira: «¡Pues enfádate si quieres! ¡Vete a casa de tu madre!» Soberbia: «¡Ja! Ya vendrá a suplicarme.» Envidia: «¿Qué hace cogida a otro hombre?» Y avaricia: «Pues el coche y la Wii me los quedo yo.»

Yo me pregunto cómo habrán hecho el estudio. ¿En los confesionarios? ¡A ver si también va a haber cámaras en los confesionarios!

De los siete pecados capitales, yo me quedo con el de la pereza. Hay gente muy perezosa. Tengo un amigo que es muy creyente y muy vago. Un día le oí rezando: «He pecado, oh Señor, llévame contigo, pero llévame en brazos, que me da pereza levantarme.»

Me he documentado y resulta que había un octavo pecado capital: la vanagloria. O sea, presumir de tus méritos. Un pecado que nunca tendrá Ricardito Bofill. Se ve que este pecado lo quitó de la lista santo Tomás de Aquino. Dijo: «Aquí no, aquí no... Aquí no hay quien peque.»

Luego está el pecado original, que ése nos ha jodido a todos porque no estábamos ahí para defendernos, quc viene de Adán y Eva. Según la Biblia, nos echaron del paraíso por el pecado de la soberbia, que digo yo: ¿cómo puedes tener soberbia si vas en taparrabos? Que yo no es que me quiera meter, pero fue culpa de ella. «Adán, cómete esa manzana, que no me comes nada de fruta, que estás todo el día con la carne.» Y Adán, que estaba tan tranquilo debajo de una palmera, sin molestar a nadie, le decía: «Déjame, cariño, déjame.» Y ella se pasaba los días, durante toda la eternidad, que se hace muy larga, con indirectas: «Uy, qué piñas más buenas», vestida de Carmen Miranda. Y Adán: «Oh, es que Dios me ha dicho que no.» Y ella: «¿Y quién es ese Dios? ¿Otro amigote más?» Y él: «Pero qué dices, cariño, si aquí sólo estamos tú y yo, y te recuerdo que me has costado una costilla.» Y Eva: «¿A quién quieres más, a él o a mí?» Y claro, Adán, por no oírla más se comió la manzana y el marrón que vino después. Bajó Dios y dijo: «¡Fuera del Paraíso!»

Tengo un amigo que le pregunta a todo el mundo: «¿A ver si sabes por qué Adán y Eva se comieron una manzana y no una pera, eh, eh?» Y tú: «Pues no sé, ¿por qué?» Y te dice: «Porque "Sin peras no hay paraíso".»

EMITIDO EL 19 DE FEBRERO DE 2009

LAS ESTRELLAS

Hace un tiempo pudimos ver un fenómeno muy poco común. Y no es que Magdalena Álvarez haya ganado una partida al Trivial. Me refiero al cometa Lulin, que pasó muy cerca de la tierra: a 61 millones de kilómetros. Vamos, aquí al lado. Que llega a pasar un poco más cerca, y con la suerte que tengo, me ralla el Hummer.

El Lulin es un cometa atípico, porque es verde y tiene dos colas. O sea, una mezcla del Increíble Hulk y Rocco Siffredi.

Se podía ver a simple vista y para localizarlo bastaba con encontrar Saturno. Ah, muy bien. Saturno. ¿Quién no sabe dónde está Saturno? Tiras la Osa Mayor, todo recto, coges la Autovía Láctea, si eres catalán pagas peaje, giras la rotonda de Orión, y si el Pocero no lo ha recalificado verás un cartel que pone: «Saturno.»

El Lulin, que tampoco es el hijo del presidente de Brasil, fue descubierto por un estudiante de astrología de diecinueve años. A ver, señores astrólogos: tampoco debieron de buscar mucho, cuando un chaval de primero de carrera les pasa por delante.

Que yo me pregunto: ¿cómo sabes si un cometa no ha sido descubierto y es nuevo? ¿Todavía lleva el precio? ¿Hay una señora detrás de él vendiéndolo? «Mira, nena, mira qué genero más bueno. Auténtico polvo de estrella. Me lo quitan del espacio, me lo quitan del espacio.»

Ir a mirar las estrellas es bonito, siempre te entra ese pensamiento tan extendido de que no somos nadie... Bueno, habla por ti, que yo soy presentador. Pero en general, observar estrellas da pereza:

tienes que coger el coche, irte al campo, esperar toda la noche... Un amigo mío, muy vago, encontró una solución: se quedaba en casa, cerraba los ojos, se los apretaba muy fuerte y veía lucecitas blancas. ¡Eh! Y desde el sofá. El Javi. Repitió octavo siete veces. A la octava su padre le dio tal bienvenida, que todavía vio más estrellas.

Luego está lo de encontrar las constelaciones. Confesémoslo: es imposible. «¿Ves Orión? Que tiene forma de guerrero...» Y tú, fingiendo: «Sssssssí....» ¡Mentira! ¡Son puntos, y luego ellos les dan la forma que quieren! Que si te fijas bien en Orión, me perdonarán, pero tiene forma de cafetera. Claro, que «la cafetera de Orión» no tiene mucho encanto.

Y la Osa Mayor tampoco tiene forma de oso. Si el Rey la viera, no le dispararía.

Hay quien usa el telescopio para mirar las estrellas. Pero son la minoría. La gente se compra uno, las mira cinco minutos, y luego se pone a espiar a la vecina de enfrente. Y tu novia: «¿Qué, cariño, cómo está la luna? ¿En cuarto menguante?» Y tú: «Creciente, creciente.» «No estarás mirando el edificio de delante, ¿no?» «¿Quién? ¿Yooo? Estaba mirando al espacio pero el edificio se ha puesto delante.»

A mí lo que me gusta son las estrellas fugaces. No me refiero a Enrique Anaud, sino a aquel ritual tan bonito de pedir un deseo cuando pasa una. Que claro, tú pedirías: «Que se acabe la crisis en todo el mundo y que del grifo salga coca-cola.» Pero pasan muy rápido, en menos de un segundo, y al final sólo te da tiempo de decir: «Aaaaaah... ¡Sexo!»

Que hubo un tiempo en que era peligroso mirar las estrellas. ¿Se acuerdan de los aerolitos? Estuvieron de moda una temporada, pero ya los hemos olvidado. Yo estaba *acojonao*, por si me caía un trozo de hielo en la cabeza. En cambio, Joan Eloi, que es más optimista, salía con el vaso de cubata gigante, agitándolo en el aire, a ver si había suerte.

Sólo les digo una cosa: si una noche ven algo verde, podría ser el cometa Lulin. Pero si os pide que sopléis, es la guardia civil.

EMITIDO EL 24 DE FEBRERO DE 2009

AMIGO GORRÓN

La relación entre Estados Unidos y España es como la cintura de Paula Vázquez: cada vez más estrecha. Los dos gobiernos han acordado más políticas de colaboración entre ambos países. ¿Esto qué significa? ¿Que Alcobendas pasará a ser un estado americano? No. ¿Que si Melody va a Eurovisión, podría acompañarla Metallica? Tampoco.

Se lo voy a explicar, que para algo tengo el curso CCC de política internacional y una guitarra española. Hagas el curso que hagas, los de CCC siempre te regalan una guitarra española. Estados Unidos estaban enfadados con nosotros. ¿Por las pelis de Garci? No. Porque retiramos las tropas de Iraq y eso a Bush le sentó como un tiro, nunca mejor dicho. Bush le dijo a Zapatero: «Ya no te ajunto.» «*I not ajunting you.*» Luego llegó Obama y las puertas de la Casa Blanca se abrieron para Zapatero. Incluso le han hecho copia de las llaves. Ya tiene las llaves de la Casa Blanca, del grupo Prisa, de la casa de Ana Belén y Víctor Manuel, y de la máquina de café de la Moncloa.

El Gobierno de Estados Unidos quiere ser nuestro amigo, pero con una condición: que España acoja a presos de Guantánamo. Y el ministro Moratinos, que es un lince, ha dicho: «Vale, pero qué me das a cambio.» Y Hillary Clinton: «Pues una crisis económica y un Ronald Macdonald.» Nos la han vuelto a colar.

De doscientos cincuenta presos, se ha comprometido a acoger entre cuatro y seis. Tampoco es tanto. Son pocos delincuentes. Incluso podemos colocarlos como concejales de urbanismo y quedarán disimulados.

Lo que está claro es que, con la excusa de que ahora somos amigos, los americanos se están aprovechando. Es como el típico amigo gorrón que todos tenemos: que si déjame ese CD, que si riégame las plantas, que si guárdame estos presos... Y si le dices que sí una vez, la cagas. Es como la canción de Movierecord: se te pega para siempre.

A los americanos sólo les ha faltado gorrearnos el tabaco. El producto más buscado por un gorrón. Yo tengo un amigo, el Roca, que hasta cuando dejó de fumar me pedía mis uñas, para morderlas. Acabé disfrazándome de Mercedes Milá.

Un gorrón es un tío creativo. Ha desarrollado excusas inverosímiles para no pagar. Vas a un bar y te dice: «¿Puedes pagarlo tú? Es para no cambiar el billete.» Y tú: «Ya, pero es que llevas así veinte años, que es un billete de cien pesetas. Que está Manuel de Falla diciendo: "Sácame del bolsillo ya, por favor, que llevo veinte años al lado de un condón caducado"».

Gorrones ha habido toda la vida. ¿Quién no recuerda al pobre niño de los donettes? Que no pudo merendar ni un día tranquilo. Sacaba los donettes y quince niños se le acercaban de todas partes, como zombis: «¡Doneeeeettees graaatiiiiis!»

Luego estos niños crecen y siguen desarrollando sus habilidades para comer de gorra. Son los típicos que vas a un restaurante y dicen: «No, yo ya he cenado en casa... Si acaso, ya picaré algo de lo vuestro.» Y sí, sí, se hacen un plato combinado con lo que van cogiendo de todos los platos. «Oye, ¿este entrecot que acabas de pedir te lo vas a comer?» O cuando te estás comiendo un huevo frito, que te vas dejando lo del medio para el final, que es lo mejor, y cuando ya sólo te queda lo más jugoso llega el gorrón y te dice: «¿Puedo pinchar ahí en medio?» Y tú: «¡Nooooooo! Llevo media hora haciendo una artesanía "huevil" como para que tú metas tu pan aquí.»

Y cuando vas de copas y la cosa está un poco desmadrada, hay que controlar, ¿eh? Que siempre sale el típico que pregunta a todo el mundo: «¿Qué queréis? ¿Qué queréis?» Que sois quince y él se dedica a preguntar a todos: «Pshht ¿qué queréis?» «Yo quiero no pagar lo que te voy a pedir.» Porque claro, el tío pide las bebidas y luego dice: «¿Alguien tiene sesenta euros?»

Yo si no quiero que beban de mi cubata, cuando me preguntan qué bebo, les digo: «Vodka con Mistol.» Aunque alguna vez un gorrón pura sangre me ha contestado: «¿Es Mistol limón?»

Pero volviendo al tema, aunque los norteamericanos nos estén gorreando, yo creo que España está preparada para acoger a los presos de Guantánamo. Con la de cosas ilegales que hacen nuestros políticos y no les pasa nada, está claro que éste es el mejor país para hacer *gorrón* y cuenta nueva.

EMITIDO EL 25 DE FEBRERO DE 2009

EL HOMBRE LIBRE

Tal como está el mundo en estos momentos, hecho una mierda, no podemos permitirnos que Pepe Rubianes se haya marchado. Pero habrá que hacerse a la maldita idea de su desaparición porque la vida es un mal guión en el que, al final, te mueres. Es horroroso. No hay segunda parte, muy mal planificado como película. Todos los que queremos y seguimos a Rubianes, un gran referente en Cataluña, estamos desorientados, tristes, y nos resistimos a hablar en pasado. Personalmente, voy a pensar que se ha ido a uno de sus innumerables viajes —posiblemente, a África—, y que cuando vuelva, nos comeremos un arrocito en su Barceloneta y luego daremos un paseo y me preguntará si tengo novia y si todavía tengo programa. Recordaré toda la vida un paseo nocturno de más de dos horas, «parecemos maricones, nene», en el que aprendí más que en cuatro años de carrera, que, por otro lado, no tengo.

No quiero pensar en un Rubianes ausente, porque la huella que ha dejado en todos nosotros es de tal dimensión que siempre —repito, siempre— estará presente en nuestra vida, en nuestros recuerdos, en mi oficio, en algunos de mis gestos, en unos cuantos cabreos contra los intransigentes de turno y en mil detalles más que están ahí o irán apareciendo.

Pepe era, sobre todo, un hombre libre. El más libre que he conocido jamás. Pensaba y decía lo que le daba la gana y no le importaba si te gustaba o no. Vivió la posguerra y la democracia, era culto y sensible, así que veía venir a los gilipollas de turno una hora antes. Todo eso, mezclado con su propia vida y una observación ácida y crítica del mundo, era la materia de la que estaba hecho su teatro: genialmente autobiográfico.

Tenía unos cuantos amigos y miles de seguidores. Al primer grupo nos cuidaba como a un hermano mayor. Al segundo grupo, les daba lo mejor. Su sonrisa de Joker, sus salidas de tono, su afilada puntería contra el facherío y las imposturas de una sociedad demasiado preocupada por el qué dirán. A Pepe le importaba un huevo lo que dijesen, porque cuando la gente decía chorradas, él ya no estaba. «Cuando no hablo yo, me aburro», solía bromear. Tenía razón y tenía motivos.

Lo primero que he pensado es que hay que dignificar su memoria. Vale ya del asunto de TV3 y su crítica a la unidad de España, que va quedando como única referencia sobre Pepe Rubianes. El que resuma su carrera con ese episodio es un simplista. Además, Pepe reconoció su salida de tono pero dijo lo que muchos pensamos: que ya está bien de que den lecciones los más sospechosos del pueblo. Que la gente es libre para pensar, sentir, reír, follar, beber, fumar y volver a empezar si quiere. Que los valores de uno mismo se demuestran en privado y que, al final, sólo quedan los buenos momentos.

Pepe, con su herencia de risas, nos ha hecho millonarios. No es dinero. Es mejor. Se trata de la comedia en estado puro que hoy despide al maestro. Esperamos estar a tu altura, Pepe. Y llama cuando llegues, deja de fumar y guárdame un asiento a tu lado. Yo quiero ver el juicio final contigo, partiéndome el culo. No te preocupes porque el juicio final es un formato del que ya tiene los derechos Jaume Roures de Mediapro. Hasta siempre, Pepe, *ciao*.

EMITIDO EL 2 DE MARZO DE 2009

ORGANIZAR EVENTOS

El presidente del Comité Olímpico Español ha dicho que la candidatura de Madrid para las Olimpiadas del 2016 sería una candidatura ganadora, porque ningún país organiza mejor. ¡Qué gran verdad! Tú vas al INEM y está todo súper organizado. Los parados, en una cola perfecta, y los funcionarios en el bar de enfrente.

Los españoles llevamos la organización en la sangre. Ahí está Barajas para demostrarlo. No se rían que, como caos, lo de Barajas estuvo muy bien montado, que no se monta un caos a lo tonto. «Vamos a hacer un caos, ¿por dónde empezamos?» Ah, no es tan fácil, ¿eh? En España lo sabemos bien, el caos es algo muy español.

Los grandes eventos no nos asustan. Tenemos mucha experiencia: una olimpiada, dos expos, varios mundiales, y, lo más importante, millones de botellones. Eso curte. Hay botellones tan bien organizados que hasta tienen un Excel con el minuto a minuto. A las 2.06 se pronunciará el primer: «Eresh mi mejorrr amigo.» A las 3.00, Miguel intentará enrollarse con Marta. A las 3.01, Miguel tendrá un ojo morado.

Pero organizar un evento no es fácil. Siempre me han impresionado mucho los mítines electorales, qué bien montados, no falta ni una silla. Porque tú montas una fiesta en casa y siempre hay alguien que se queda sin silla. Es el típico que te hace el chiste de: «Antes muerta que sin silla.» Que dan ganas de decirle: «Antes fuera que en mi casa.»

Otro tema muy importante en un evento: la música. Por ejemplo, en un congreso de neurocirujanos no puedes anunciar: «Y ahora nos hablará la premio Nobel de medicina Margareth Smith» y que suene *Ramona la pechugona*. No queda bien.

Es muy importante prepararse bien lo de la música, pero tampoco hay que pasarse. Tengo un amigo, el Picó, que se tira mucho tiempo preparando la música para una fiesta. La última que montó fue una fiesta de los ochenta, pero para él no era un *revival*, es que empezó a preparar la fiesta en el 81. Lleva veinte años sin salir de casa. Ha perdido el contacto con la realidad. Tú le preguntas: «¿Te gusta Melody?» y te dice: «Sí, ponme un chupito.»

Otra cosa típica de un evento son las azafatas jamonas. Son como Solbes: nadie sabe qué hacen, pero están ahí. Están en cualquier tipo de eventos. Yo he llegado a ver azafatas en un bautizo. Que hasta el bebé intentó ligar con ellas: «Hola, guapa. ¿Gateas o caminas?»

Estaría bien aplicar algunos conceptos de los grandes eventos para hacerlos en casa. Por ejemplo, el tema del guardarropía. Porque si no, todos sabemos dónde acaban las chaquetas: en la cama de matrimonio. ¿Por qué las chaquetas siempre se dejan en la cama? Que están ahí mismo los percheros, gritando: «¡Eh! ¡Tíos! ¡Estoy aquí! Colgadme algo.»

También estaría bien aplicar el sistema de voluntariado a las fiestas particulares. Los voluntarios son gente que trabaja gratis. Estos pringa... ¡Perdón! Voluntarios. Estos voluntarios irían muy bien cuando dices lo de: «¿Quién me ayuda a recoger?» Y todo el mundo desaparece. Salen por sitios por los que nunca dirías que pasa una persona. He visto a tíos filtrarse por un enchufe e irse por el aire acondicionado. Un amigo mío se fue tan rápido que dejó el cigarro flotando en el aire.

O también podríamos copiar el tema de las acreditaciones. Quien no esté acreditado, no pasa. Y sin excepciones: «Lo siento, mamá, no estás en la lista.» Y si te gusta una chica, le haces un pase VIP. VIP, que son las iniciales de «Voy a Intentar Pillar».

EMITIDO EL 3 DE MARZO DE 2009

CONCESIONARIOS

El presidente de la Xunta, Alberto Núñez Feijóo, ya ha incumplido su primera promesa electoral. Lo del PP gallego es casi bíblico: después del domingo de elección, al tercer día nos la coló.

Feijóo prometió vender el coche oficial de su antecesor para comprarse un Citröen fabricado en Galicia, que son aquellos coches que dicen: «No sé si arrancar o quedarme quieto.» Sin embargo, se ha decidido por un modelo, el C6, que sólo se fabrica en Francia. Tú sabes que un coche es francés porque mira por encima del hombro a los otros coches. Además, lleva un muñequito de Sarkozy en el salpicadero, moviendo la cabeza arriba y abajo. Es muy pequeñito. A tamaño real.

Comprar un coche es como elegir entre escuchar la COPE o escuchar Il Divo: una decisión difícil. Es algo que tienes que pensar bien. No vas al concesionario y lo compras dándole golpes secos como si fuera una sandía: «Es bueno, este coche, está maduro.» Y los dependientes tampoco ayudan. Lo primero que te preguntan es: «¿Para qué lo quiere?» «Pues para ir en coche.» Y el dependiente ahí se pone repelente: «No, ya, pero para ciudad, para montaña, espacioso, para trayectos largos...» Que te entran ganas de decirle: «Mire, es igual, pídame un taxi, que me voy.» Y él, más repelente todavía: «¿Un taxi? ¿Para ir a la ciudad, a la montaña, espacioso...?»

Aunque al final los dependientes siempre te dicen: «Tengo lo que necesitas.» Siempre saben lo que te hace falta. Yo he llegado a pasar por delante de un concesionario, y el vendedor, señalándome, me ha dicho: «Una novia, te hace falta.» Y yo le he preguntado: «Pero ¿una novia para qué? ¿Para ir al campo, para la ciudad, espaciosa...?» No lo entendió. Además, intentan hacerse tus amigos: «Si se lo queda, le regalo las alfombrillas. Pero que no se entere mi jefe.» Y tú: «Uy, uy, qué generoso, ¿y la radio?» «No, no, que la radio es un extra.» «Ah, claro, y las ruedas también, ¿no?» Todo es un extra, vas a comprarte un coche y todo son extras.

Es que no te lo ponen fácil. Recibes mucha información a gran velocidad: «Tiene frenos ABS, cilindros en V, CD/MP3, caja 7G Tronic, doble tubo con SDD...» Que yo una vez pillé a un dependiente inventándose palabras: «*Jatepore* cromado, *esfroncios* de acero...» Si cuela, cuela...

Y después de elegir el coche, falta elegir los extras. Yo, para que me dejaran en paz, les dije que me pusieran de todo. ¡Eh! Con dos *esfroncios*. Que yo no soy tonto. Luego entrabas al coche y aquello parecía una feria. Aparcaba solo, regulaba la temperatura... Bueno, era tan listo que, él solito se escribía: «Lávalo, guarro, que no encoge.»

Otra opción más económica es comprarte un coche de segunda mano. Que siempre es de una anciana que sólo lo usaba para ir a comprar el pan y siempre dormía en un parking. El coche, no la anciana. Que digo yo: ¿dónde compraba el pan esa señora? ¿Iba hasta Viena cada día, a buscarlo? Que en seguida ves que es mentira, porque el coche lleva alerón, *spoilers* y una pegatina de Scorpia. Le preguntas: «¿Seguro que esto era el coche de una anciana?» «Sí, sí. Era de la abuela de Chimo Bayo.» Sí, hombre... la tía Enriqueta, ¿no?

Y luego, cuando te lo compras, que aún estás con la ilusión, siempre está el típico que le encuentra defectos: «Aaah... ¿Te lo has comprado en rojo?» Y tú: «¿Qué le pasa al rojo?» Y él, con cara de asco: «Nada, nada... ¿Y gasolina? Mmh-mhhh... Eso chupa mucho.» Dices: «No, si te parece va con madera, como la locomotora de los Hermanos Marx.»

EMITIDO EL 4 DE MARZO DE 2009

SEGURIDAD SOCIAL

Obama quiere copiar nuestro sistema sanitario. Pero tranquilos, todo tiene una explicación. Se ve que cuando le dijeron la edad de Fraga pensó que la sanidad española tenía que ser la hostia.

En Estados Unidos la sanidad se paga muy cara. Te rompes un brazo y para que te pongan un cabestrillo tienes que pedir una hipoteca. De hecho, para ahorrarse la anestesia, la gente cuenta ovejitas. Tú vas al Bronx, y se te acercan ochocientos camellos. «Pst, ¿tiritas? Muy bien cortadas. A euro el gramo.»

Lo primero que hará Obama será copiar el sistema de digitalización del expediente médico. Que aquí estamos muy avanzados. Está todo informatizado. De hecho, el otro día entré al Facebook y ponía: «La gripe te ha añadido como amiga.» Salían fotos de ella con sus colegas, posando: «Yo con el Lupus en Benidorm.»

Pero, sobre todo, lo que quieren implantar allí son los centros de atención primaria. Claro, si aquí funcionan de maravilla. ¿¿Listas de espera?? ¡Qué va! Sin ir más lejos, yo mañana tengo hora con el médico de cabecera. A ver si me corta el cordón umbilical. Pero ya me ha dicho que igual no puede. Y yo: «Tú tranquilo, tú tranquilo, que sólo voy dejando un reguero de sangre.» «¿Te moleeestaaaa? ¿Puedes hacer vida normal?», me pregunta. «Hombre, sí, tengo que ir con cuidado de que no me lo pillen las puertas del metro.» Y se me ha ofendido: «Bueno, claro, si vamos con tonterías.»

Porque, reconozcámoslo, la Seguridad Social rápida no sería. Es como perder la virginidad: esperas durante mucho tiempo, de repente ves una cola enorme, y al final, la visita dura poco más de un minuto. Que hay médicos que todavía estás abriendo la puerta y ya te diagnostican: «¡Embarazada!» Y tú: «Perdone, pero soy un hombre.» «Haber usado condón.»

Yo no sé por qué tienen tanta prisa. Se tiran seis años para sacarse la carrera, y ahora no pueden estar diez minutos conmigo. Las listas de espera han generado otro concepto que quizás es el más terrorífico de la Seguridad Social: las salas de espera. Qué bonitas, qué bien decoradas, qué escala de grises más alegre, dan ganas de morirse para volver a nacer y así poder ir más veces.

Ahora en serio, aquello es un drama. Es un sitio donde todo el mundo está mal. Que ya no vale la pena ni ser educado: «Buenos días.» «Buenos días, ¿de qué?»

Luego están las recepcionistas que te dan hora. Simpatiquísimas todas. Son gente que sufre mucho, eso es verdad y claro, el carácter les ha desaparecido, ya no tienen carácter. Te preguntas: ¿son maleducadas? No, no son nada. De hecho, los centros de atención primaria se llaman así por ellas. Primarias. «Hola, tenía hora con el doctor Farreras pero me he dejado el volante.» Y ella te ruge: «Pues coja un autobús.» ¿Conocen al doctor House? Pues está inspirado en una recepcionista española.

Lo que siempre me ha fascinado son los abuelos. Se saben el número de todos los que están esperando: «Usted es el 17 y va detrás de ese señor de ahí, que es el 15, porque el 16 no vendrá, que se ha peleado con su mujer...» Lo saben todo.

En cualquier caso, quiero decirle al señor Obama, que sé que está leyendo esto, que gracias por fijarse en nuestra Seguridad Social. Pero, sobre todo, recuerde que: «Este monólogo no es de un medicamento. Ría atentamente todos los chistes. En caso de no entenderlos, consulte con Wyoming.»

EMITIDO EL 5 DE MARZO DE 2009

CIENCIA

Barack Obama, el hombre más querido del mundo después de Jesús Vázquez, ha levantado la restricción para investigar con células madre en Estados Unidos. Para quien no lo sepa, las células madre son aquellas que gritan: «¡Protozoo! ¡Ponte la chaqueta cuando salgas! ¡Y ven, que tienes el núcleo sucio!»

Todos los periódicos han publicado en portada lo de las células madre. Todos menos *El Mundo*, que ha preferido destacar otro tipo de células: las del 11-M. La noticia es muy importante porque a partir de una célula madre puedes fabricar cualquier parte del cuerpo. Puedes, por ejemplo, fabricar un cuello para Fernando Alonso o un cerebro para Wyoming.

La ciencia, al contrario que Fraga, avanza muy deprisa. Hasta hace poco, ponerse debajo de un árbol y que te cayera una manzana en la cabeza era ciencia. Así se descubrió la gravedad. «Oye, que me ha caído una manzana en la cabeza.» Y otro: «¿Es grave?» «No, es Golden.» Que ya ves tú qué descubrimiento: las cosas, si las dejas caer, caen. ¿Qué pasa, que antes las cosas flotaban o qué? No me imagino a Newton llevando a los niños al cole, atados con una cuerda, como un globo: «¡Newtoncitoooo! ¡A la estratosfera no, que no has hecho la digestión!»

Es curiosa la importancia de la manzana en la historia de la humanidad. Tenemos la de Adán y Eva, la de Newton, y la manzana de los ordenadores Macintosh, símbolos del pecado, la gravedad y la tecnología. Si es que la evolución ya nos lo estaba advirtiendo: «Si utilizas el ordenador, acabarás entrando en una web porno.»

Hace siglos, la ciencia levantaba pasiones. Había discusiones acaloradas: «¡La tierra es plana!» «¡No, es redonda!» Era el Barça-Madrid de la antigüedad. Sólo que en lugar de quemar los asientos del campo, quemaban a personas. Pero ahora es diferente. A la gente le da igual. Tú dices: «¡Eh, chicos! Que Plutón ya no es un planeta.» Y siempre sale el listo que te suelta: «Pues claro, Plutón es el perro de Mickey Mouse.»

En el colegio, hacer ciencia equivalía a estropear comida: clavar palillos a una patata, plantar habas en un bote de yogur con algodón y papel secante, meter un trozo de carne en coca-cola... ¿Para qué sirve luego todo eso? No me imagino: «¡La central nuclear está a punto de explotar!» Y el científico: «¡Tranquilos! ¡Traigan una alubia y papel secante!»

Con estos conocimientos de ciencia, luego nos extrañamos si no funciona el acelerador de partículas. Todavía no saben qué ha fallado. Yo tengo dos teorías de por qué no se aceleran las partículas. Una: las patrocina Renfe. Dos: las patrocina Iberia.

EMITIDO EL 10 DE MARZO DE 2009

INFORMÁTICOS

Empezamos con una noticia relacionada con el Plan Bolonia. Se ve que el Gobierno quiere que la informática deje de ser una carrera y el próximo martes está prevista una manifestación de informáticos. Primera conclusión, si el martes se les cuelga el ordenador, hagan ustedes lo mismo.

La ministra de Ciencia e Innovación, Cristina Garmendia, dijo que la informática era una asignatura transversal y los estudiantes se han ofendido. Normal. «Es que me han llamado transversal, tío.» «Jooo, qué fuerte, ¿echamos una partida a la Play?» «Vale, pero que no sea transversal.» Ellos tienen su mundo.

Yo no me imagino una manifestación de informáticos. ¿Van, todos con el portátil a la Gran Vía y protestan *online*? O quedan directamente en Second Life. Y si hay hostias, en vez de los antidisturbios, mandan al Panda Antivirus con una porra. Y las detenciones se notifican por Facebook: «La policía te ha agregado al calabozo.»

Pero no seamos injustos con los informáticos. Son unos incomprendidos. Igual es porque hablan raro, que cuando te dicen: «Te voy a testear el *spyware*», tú contestas indignado: «Perdone, pero a mí sólo me testea el *spyware* mi mujer.»

Eso sí, son un grupo un poquiiito cerrado. Siempre hablan de lo suyo. Tú no verás a dos charcuteros: «Madre mía, me ha llegado un chóped 2.0 que ha dejado desfasada a la mortadela de olivas.» Los informáticos viven su profesión. Los hay que, de fondo de pantalla, se ponen otra pantalla. Incluso tienen sus propios chistes. En lugar de decir que van al lavabo, dicen que van a hacer una descarga. Y cuando ligan, no dicen el clásico «¿Estudias o trabajas?», sino «Hola guapa, ¿PC o Macintosh?» Y si quieren hacer el amor: «Hola, cariño, me llaman el reproductor de Windows, ¿te puedo hacer un *enter*?» Y ella: «No, que no tienes banda ancha.»

No sé si ustedes piensan lo mismo, pero yo creo que los informáticos siempre están enfadados. Se entiende, eh, porque sólo hay una cosa en el mundo que cabree más que se te cuelgue el ordenador, y es tener que arreglarlo. A mí lo que me molesta es que se enfaden sólo por pedirles que te arreglen el PC. Tú les dices: «Oye, que se me ha colgado el ordenador.» Y se ofenden: «Claro, si no lo desfragmentas.» ¡Sí, hombre! No sé programar el vídeo, ahora voy a desfragmentar.

Y ahora quiero mandarle un mensaje a Hugo, el informático del programa, que me arregla siempre el portátil, le quiero mucho, es casi como una persona.

Hugo, todo lo que acabo de decir es broma. Yo no lo pienso, Dios me guarde, son los guionistas que pasan demasiado tiempo juntos.

Sé que ahora estarás muy ocupado intentando pasarte la quinta pantalla del Supermario Bros o mirando *petardas.com*. Pero cuando puedas, pasas por casa y me acabas de arreglar el Spectrum que empezaste a mirarte en el 87. Por cierto, aquello que me comentaste del aumento de sueldo... La respuesta te la he dejado en la CPU (Cola del Paro: «Únete»).

EMITIDO EL 11 DE MARZO DE 2009

SUSPENDER BACHILLERATO

Los estudiantes de bachillerato no pasarán de curso si suspenden más de dos asignaturas. Dicen que así se lo tomarán más en serio. Si se hubiera aplicado esto en mi época, no habría pasado de párvulos. A mí, mi madre me decía: «Tienes que pasar de curso.» Y sí, sí, yo pasaba. Pasaba del curso, del profesor, pasaba de todo. Nunca lo he usado como un mérito porque realmente habría que estudiar un poquito. Mi madre siempre me decía: «Nunca serás nada en la vida», y tenía razón: me he quedado en cómico.

A partir de ahora, estudiar bachillerato será como la música de Bruce Springsteen: cada vez se repetirá más. Será más frecuente ver en las aulas españolas a ese especimen conocido como el repetidor.

Como diría el gran Rodríguez de la Fuente: El repetidor común mide el doble que el resto de compañeros de la madriguera. Es violento por naturaleza, llega incluso a robarle la comida a sus congéneres. Lo reconocerán por su característico lamento: «¡Es que el profe me tiene manía!»

«El profe me tiene manía.» Seguramente sea la excusa más utilizada del mundo, después de la de «Gran Hermano es un experimento sociológico». Porque cuando suspendes intentas justificarte. Nunca verás a un estudiante diciendo: «No, es que me lo merezco, profe. Y suspéndame también literatura, que copié todo el examen.»

Eso no ha pasado nunca. La gente tira de tópicos, como el de «incluso Einstein suspendía las matemáticas». El mayor cerebro del siglo XX, y se le recuerda porque no aprobaba las mates, y porque se hizo una foto sacando la lengua.

Cuando suspendes, lo primero que haces es ir a reclamar nota. Por vicio. Que conozco a gente que ha ido a reclamar nota de un examen médico. «Es que sólo me ha puesto colesterol, y creo que me merezco triglicéridos. ¡Si como como un cerdo!»

Hay gente que ha repetido todos los cursos. Como un amigo mío, el Roca, que empezó a repetir en párvulos porque no le salían bien las bolas de plastilina. Y siguió así toda la primaria, en cuarto de EGB ya fumaba, como Joan Eloi. En séptimo se casó. Acabó repitiendo la mili porque no sabía si en la jura de bandera tenía que besar la bandera o al sargento que la aguantaba. Al final besó al sargento y se han ido a vivir juntos.

Lo peor es cuando tienes que llevarle las notas a tus padres, porque tienes que pensar nuevos sitios donde esconderlas. Yo me pasaba todo el curso buscando escondites. Por eso suspendía. Sólo pensaba en eso. Luego llegaba un examen, y me preguntaban: «¿Dónde desemboca el Ebro?» Y yo: «¡Detrás de la maceta!»

Algunos padres, para motivar a sus hijos, les prometen cosas si aprueban. Normalmente, una moto. Menos a Sete Gibernau, que le prometieron su primer seguro a todo riesgo. Algunos deseaban tanto esa moto que se inventaban locuras para conseguirla. «Hijo mío, ¿has sacado todo ceros?» Y el hijo: «No, no son ceros. Son oes. De admiración. ¡Ooooooh, qué notas tan buenas!» Y la madre: «¿Y este uno?» «Eso es el signo de exclamación.»

Por suerte, siempre quedan los exámenes de recuperación, en septiembre. Y se sabe de toda la vida que en septiempre todo el mundo aprueba... Señores profesores: ¿ustedes creen que un chaval, que durante nueve meses no sólo no ha estudiado sino que ha desarrollado la capacidad de no retener nada de lo que se dice en clase, va a estudiar durante el verano? Para que se les quedara algo durante las vacaciones habría que cambiar el nombre de los helados: un

«Frigo Pi», un «Frigo Dedocaedro», o un «Alejandro Magnum». Y si quieren que aprueben con nota, que pongan los apuntes en los anuncios de la Pataky.

EMITIDO EL 12 DE MARZO DE 2009

PORTEROS

Este año se han empezado a hacer, por primera vez, los exámenes para ser portero de discoteca. No se veía tanto músculo en un aula desde que Schwarzenegger hizo *Poli de guardería*. Hubo una señora que entró en el aula pensando que era el IKEA, sección armarios.

Los veías nerviosos, antes de entrar: «Jo, tío, seguro que me quedan "Palizas de segundo" y "Teoría y práctica del calcetín blanco".»

Atención porque en el examen había preguntas como ésta. Es real, eh: «¿Prefieres ver cómo disparan a una persona en la calle o que te duelan las muelas dos días?» Hubo uno que levantó la mano: «Señorita, señorita, ¿qué es una muela?» Y ella: «Lo que arrancas a la gente a puñetazos.» «Ah, vale.»

¿Cómo debieron de prepararse el examen? ¿Hay libros de texto para ser portero? «Ciencias aplicadas a la seguridad: Si un puño se mueve a cuarenta kilómetros por hora y choca contra una cara, ¿cuál es el diámetro del hematoma producido en el ojo?» O gramática: «Analice la siguiente frase: "Mira, pavo, que te meto *asín*". 'Pavo', sujeto. 'Que te meto', verbo. 'Asín', complemento directo. Directo en los morros.»

Como en cualquier examen, supongo que también habrá el típico empollón que se lo sabe todo: «El primer portero de la historia fue el griego Hostiómedes, que vigilaba el Partenón para que no entrara gente con sandalias.»

Yo me pregunto una cosa: «¿había un portero en la puerta del examen de porteros?» «No, con bolis Bic no puedes entrar.» Y si lo había, ¿a quién pusieron, para asustar a tres mil seguratas? ¿Al Yeti o a un señor con un libro? «¡Aaaah! ¡Cultura! ¡Socorro!»

Que no se ofenda nadie, es un colectivo en el que seguro que hay buenas personas, tiene que haberlas, pero los porteros de discoteca no son las típicas personas que podrían mantener una charla con Eduard Punset. ¿Se imaginan? Punset: «El universo es un espacio infinito.» Portero: «Pues es verdad, Edu, yo aprovecharía el espacio y pondría otra barra.»

Los seguratas son un colectivo que no despierta simpatías. Su función es la misma que la de «La noria»: amargarte la noche del sábado. Que tú sales de casa tan contento, súper motivado: «Hoy pillo...» Es una fantasía que tenemos los tíos, ¿sabes? Y llegas a la discoteca y el segurata te para y te dice: «Está lleno.» Y justo después entran veinte tías buenas. Que las ves pasar por delante tuyo pero el instinto de supervivencia te hace no decir nada. Aunque siempre hay el típico gallito que suelta: «¡Eh! Que tú has dicho que estaba lleno, ¿no?» Se congela el tiempo hasta que el portero dice: «Sí, lleno de imbéciles como tú.» Y el gallito: «Vale, ¿ves como hablando se entiende la gente?» Y se va a casa.

Que nos guste tanto ir a las discotecas es culpa de nuestros padres. Te dicen: «No vayas a la discoteca, que ahí sólo hay frescas, y te ponen drogas en la bebida.» Te hacen dudar: «Vamos a ver, mamá, ¿tú quieres que vaya o que no vaya?» Yo tengo un amigo que se lo creyó, y se pasaba toda la noche en la barra: «Voy a dejar este cubata aquí, solo, sin vigilarlo.» Le iba guiñando el ojo a todo el mundo: «Espero que nadie me eche droga.» Sólo le faltaba el neón señalándolo: PON DROGA. Y al final se le acercó el típico broncas: «¿Le estás guiñando el ojo a mi novia?» Y mi amigo: «No sé. ¿Es una fresca?» La hostia se escuchó más que la música. Hubo gente que bailó la hostia. De ahí viene la expresión «¡¡Me lo he pasado de la hostia!!».

EMITIDO EL 16 DE MARZO DE 2009

DÍA DEL PADRE

Es curioso que el Día del Padre se celebre en honor a san José, un hombre que pintó más bien poco en el proceso de concepción del nene, del chaval, que luego fíjate la que lió. Es como si el Día de los Inocentes coincidiera con el cumpleaños de Francisco Camps.

Bueno, aunque la de san José es una actitud muy de padre, que vino su señora «virgen» y le dijo: «Mira, José, que estoy embarazada», y José dudó un poco, iba con la vara, siempre pegado a su vara. Dejó la vara y dijo, en hebreo, claro: «¿Pero tú no eras virgen? ¿Cómo ha ido la cosa?» Y la Virgen: «Mira, ha venido una paloma, que al final no era una paloma...» Y José: «¿Ah, no? ¿Y qué era?» «El Espíritu Santo.» Y José: «¿Y te ha dejado embarazada el Espíritu Santo?» Y la Virgen: «Sí, sí. Y el niño va a salvar el mundo.» José hubo un momento en el que ya se bloqueó y sólo dijo: «¿Yo podré seguir yendo al monte Sinaí a ver el fútbol?» Y la Virgen: «Sí, sí.» Y él cogió la vara y dijo: «Pues entonces soy su padre. Me voy a dar un paseo, que me dé el aire.» Pobre hombre, y luego cuéntaselo a los amigos: «¿Qué tal tu mujer?» Y él, disimulando: «Bien, bien. ¿Qué tal vosotros con la madera?» Se tuvo que ir del pueblo con el burro a otro lado.

El Día del Padre, en los colegios, todos los niños aporrean barro para hacer ceniceros para los papás. Éste es un regalo que pensó algún demente hace mucho tiempo y se ha *consolidao*. Se acerca el día y venga todos los niños con el barro: «Mi padre no fuma.» «Pues hazle cuatro.»

Es el regalo estrella. Estrella, porque tu padre siempre lo estrella contra el suelo. Casualmente, eso sí. «No te lo vas a creer, hijo. He apagado el cigarro muy fuerte y se ha roto. Con lo que me gustaba, ¿eh?» Tranquilo, habrá hecho... ¡OTRO!

Pero te crees todas las excusas. Porque cuando eres pequeño tienes a tu padre idealizado. Te piensas que es el más fuerte, el más listo y el más alto. De hecho, los hijos de Sarkozy se piensan que su padre podría jugar en la NBA.

Piensas que tu padre es un superhéroe. En mi colegio siempre había los típicos piques: «Pues mi padre es tan fuerte que puede levantar a Falete con una mano.» Y otro: «Pues mi padre puede ganarle a Batman.» Y la profesora: «Claro, porque eres el hijo del Joker.» Y el niño contestó con una risa malvada: «¡Mua-ha-ha-ha!», tiró una bola de humo y desapareció. Es que la ESO cada vez está peor.

Una vez creces, te das cuenta de que el único poder de los padres es la superpachorra, que es la capacidad de transformar en lento lo urgente. Cuando un niño llora, la madre va corriendo a ver qué le pasa y el padre hace la gran pregunta: «¿Vas tú, no?» La madre dice: «Parece que el niño tiene fiebre», y el padre, con la superpachorra, dice: «Espérate que acabe la primera parte y vamos al médico, que tan grave no estará.» Esto es la superpachorra.

Eso sí: los padres son más fáciles de camelar. Cuando quieres algo se lo pides a él. Como mucho te dirá: «Lo que diga tu madre.» Pero normalmente, no cuesta mucho convencerlo: «Papá, quiero unos pechos nuevos.» Y acto seguido saca la cartera: «Claro que sí. Toma, Arturo, pero espérate a que acabe la primera parte para ir al hospital.» No les cuesta nada dar dinero.

Y en el cine, la imagen del padre tampoco es demasiado buena. En una peli americana, reconocerás al padre porque nunca va al partido de béisbol de su hijo. Siempre se repite la misma escena. El niño está en el campo, a punto de tirar la bola, y mira hacia la grada, esa cutre, de alambre; y está vacía. Pero de repente, en el último momento, llega el padre; y él: «Papá, papá.» Esto aquí no pasaría, porque el niño le regalaría una agenda de barro y se acordaría.

Ahora, si la ficción nos ha dado un padre horrible, ése es Papá Pitufo. Un señor con doscientos hijos y sin esposa conocida, cuya pitufopachorra era tan bestia que ni se molestó en ponerles nombres. Les llamaba por aquello en lo que destacaban. «¿Tú qué haces?» «Yo pinto.» «Pues Pitufo Pintor.» Otro: «Yo me dedico a decirlo todo bonico.» «Pues venga, tú... Pitufo Poeta.» Que incluso había un niño. Y el tío, con sus... pitufohuevos, le puso Bebé Pitufo.

A mí me parece bien que se celebre el Día del Padre, porque hay mucha discriminación. Por ejemplo, no hay tatuajes de «Amor de padre». Ni chistes de «Papá, papá». Sólo Chiquito hizo uno: «Papá, papá, llévame al circo.» «Quien quiera verte que venga a casa.»

En cambio, cuando es algo malo, sí se acuerdan del padre: «Papá, no corras.» «¿Qué pasa, que tu madre no corre? La tendrías que ver el primer día de rebajas.»

EMITIDO EL 18 DE MARZO DE 2009

BASURA CÓSMICA

Qué nervios debió de pasar Zapatero antes de su primera reunión con Obama. No podía pensar en nada más. Dicen que Sonsoles le pilló un mensaje que decía: «Barack, TQM.» Claro, Sonsoles se pilló un mosqueo: «¿Qué quiere decir "TQM"?» Y Zapatero, nervioso: «Pueeeees... "TQM" significa... eeeeh... ¡Traigo Queso Manchego! Es un regalo que le llevo.»

Es normal que el presi estuviera tan nervioso, porque en la reunión se trataron temas importantísimos: la crisis mundial, la situación en Afganistán, el papel de Juan *el Golosina* en «Supervivientes». Pero también hablaron sobre el cambio climático. Ambos presidentes coinciden en que hay que hacer algo urgentemente. Zapatero ya ha prometido que, para contaminar menos, obligará a lavarse el pelo a los manifestantes antisistema.

Pero el problema es tan grande que ya no sólo afecta al planeta, sino también al espacio. Supongo que han oído hablar de la basura espacial. No me refiero a las últimas pelis de *Star Wars*, sino a la cantidad de residuos que se acumulan en el espacio. Hay cerca de dieciocho mil trozos de satélites en órbita. No se veía tanto metal junto desde la ortodoncia de Ronaldinho.

Claro que el espacio exterior es un lugar que nunca se ha limpiado, como debajo de la cama de Joan Eloi. Que no es que tenga pelusas de polvo, es que tiene una ciudad construida por ácaros, Acarópolis, con centro comercial, cines y hamburgueserías.

Si tú miras al espacio con un telescopio, parece un óvulo con caspa. Los expertos dicen que toda esta basura es peligrosa para los cohetes, porque pueden chocar cuando salen de la atmósfera. Hombre, con lo que cuesta un cohete, es una putada que te lo rayen el primer día. Y lleva tú a arreglar el cohete, en el espacio: «Uuuuy, a esto échale doscientos años, que me tienen que traer las piezas de Urano.»

Dicen que la mayoría de esta basura son trozos de satélites que se han ido desprendiendo. ¿De qué están hechos los satélites, que se rompen tanto? Yo creo que los compran en los chinos. Seguro que hay alguno con forma de gatito dorado moviendo el brazo.

Hombre, habría que limpiar ni que sea para que no chismorreen los vecinos. Que al final se presentará un marciano en el rellano de la Tierra en bata: «Hola, mira, que somos de la galaxia Cuarto Segunda, que nos suben unos olores por el patio y claro, cuando tiendo la ropa, me huele a transbordador espacial.» Y después nos criticarán: «¿Tú has visto cómo tenían la estratatosfera los terrícolas? ¡Qué asco!, estaba llena de pelusas cósmicas.»

Claro, que los OVNIS son un fraude. Los extraterrestres no vienen porque nos ven como unos cerdos. Ellos ya lo han hablado: «¿Qué? ¿Vamos a la Tierra?», «Uy, no, quita, quita, que tienes que pasar una barrera de mierda antes.» Y ya no vienen. Ya te lo digo, Íker Jiménez: «Tu programa es cojonudo, pero es tontería que lo hagas porque no van a venir.» Sí, sí, tú ves esperando porque lo que les pasa es que no pueden atravesar la gruesa capa de mierda.

A lo mejor, la solución es contratar a una señora de la limpieza, pero una súper señora de esas con experiencia. Aunque claro, ¿por dónde empieza? Si ya cuando vienen a tu casa ponen problemas: «Mire, esto es lo que hay que limpiar.» Y ellas: «Buff, vaya casa, cuántos rincones hay aquí.» Imagínate qué le dices cuando lo que hay que limpiar es el universo: «Uy, el universo. Pero si el universo es infinito.» Que cuando vas por Plutón, Venus está sucio otra vez. Ya me imagino a un astronauta: «Es un pequeño paso para el hombre...» Y la señora: «Sí, sí, pero ha dejado marca. Hay que pisar por los periódicos.»

Yo, si tuviera que barrer el universo, buscaría un agujero negro y tiraría toda la suciedad ahí, porque un agujero negro es como Pete Doherty, lo absorbe todo.

EMITIDO EL 2 DE ABRIL DE 2009

DNI

Por fin. Las Infantas Leonor y Sofía ya tienen su propio DNI. Leonor tendrá el número 16, como Benedicto XVI, el papa. Y Sofía tiene el 17.

¿Por qué les han dado un número tan bajo? Lo primero que he pensado es que habían madrugado mucho para ir a la comisaría y eran los primeros de la cola. Pero no. Se ve que la Familia Real tiene reservados los números del 10 al 99. Puede que sea un método anticonceptivo: así nos aseguramos de que no tengan más de cien hijos.

El DNI con el número 13 no existe por motivos de superstición. Tenían miedo de que si lo usaban, les pasaría algo muy malo: como la tercera república o Peñafiel.

¿A que no saben quién tiene el DNI con el número 1? Rafa Nadal. Es broma, pero se lo merecería. Lo tiene Franco, un hombre bajito y con bigote que nos dio por saco durante cuarenta años sin que notáramos placer.

Se ve que el DNI lo inventó él. De hecho, al principio la gente pensaba que las iniciales del DNI eran: la «D» de Dictadura, la «N» de NO-DO y la «I» de inaugurar pantanos.

El Rey tiene el número 10. Pero ¿para qué quiere un DNI? No lo necesita. Se puede identificar con cualquier cosa. «A ver, el DNI.» Y el Rey: «Tenga, un euro. Pero si lo prefiere le puedo enseñar un sello o la portada del *ABC*.»

Esta noticia me ha recordado que me toca renovarme el carné. Lo llevo caducado desde hace tiempo. En la foto salgo con una camiseta de «No a la guerra». Pero de «No a la guerra carlista».

El problema es que me da mucha pereza. Se han dado casos de gente que prefiere hablar con su pareja antes que ir a hacerse el carné. Hay que madrugar mucho, porque si llegas a las ocho de la mañana, con suerte, te atenderán entre el tercer y el cuarto desayuno del día siguiente. El otro día se dio el caso de una señora a la que, tal como entró, la atendieron; qué susto se pegó, la pobre. Se desmayó y tuvieron que reanimarla, no venía preparada. Hicieron un especial en «Cuarto Milenio». Y la señora declaró: «Sí, era un funcionario... que hablaba una lengua muerta.» E Íker Jímenez: «¿El arameo?» «No, la amabilidad.»

Y claro, como tienes que ir tan temprano, te haces las fotos y sales con cara de dormido, que pareces Borja Thyssen volviendo de un *after*. Que luego, para que te identifiquen, tienes que poner la misma cara, con la boca abierta y los ojos entrecerrados. Además, el mundo de la foto de carné no tiene lógica. ¿Por qué no puedo hacerme sólo una? ¿Para qué quiero yo ocho fotos y dos ampliaciones? Luego, la encargada te ofrece de todo: «¿Quiere poner su foto en tazas o llaveros?» Y yo: «¿Qué pasa, que me ha visto usted cara de Hello Kitty?»

No conozco a nadie que haya quedado bien en la foto del DNI. Siempre que te piden el DNI te da vergüenza: «Jijiji, no, que salgo muy feo, tonto.» Y el otro: «Señor, aquí lo único feo que hay es que se ha saltado dos semáforos en rojo.»

El DNI es como Paula Vázquez: ha cambiado mucho en los últimos años. Antes, por ejemplo, tenías que poner tu huella dactilar. ¿Aquello para qué servía? Como mucho, era útil para las madres: «Vaya, ¿quién ha puesto los dedos en los cristales, que acabo de limpiarlos? Dadme los DNI.» Y comparaba las huellas.

Lo que nunca cambia en el DNI es que incluye tu firma. Yo, de la costumbre, lo tengo dedicado. Le dije a la funcionaria: «¿Cómo te llamas, bonita?» Y ella: «Marta, firme aquí.» Y eso pone en mi DNI: «Para Marta, con cariño.»

Ahora la cosa se ha modernizado. Ya existe el DNI electrónico, que no es que sea el carné de Chimo Bayo, sino que tiene un chip con todos tus datos: nombre, dirección, número de amigos del Facebook, sale todo: «La Policía Nacional le ha agregado como ciudadano.» A mí, que sea electrónico me da miedo. ¿Y si se me moja y me electrocuto? Yo siempre llevo la cartera en el culo, ¿y si me entra una onda por ahí? ¿Y si me entra un virus en el DNI que me cambia la foto por la de Wyoming?

Total, que no me lo renuevan. Si me buscan, ya saben dónde encontrarme.

EMITIDO EL 14 DE ABRIL DE 2.009

LA VIVIENDA

Según un estudio del Observatorio Joven de la Vivienda Española, el OBJOVI (no confundir con Bon Jovi), más de un millón de españoles de entre 30 y 34 años siguen viviendo en casa de los padres. Cada uno en la de los suyos, claro. Se han dado casos de personas que no han nacido hasta los 35 años. Sólo asomaban un poquito la cabeza los domingos, para ver el fútbol y coger algo de la nevera. Luego se volvían a meter.

Emanciparse es casi imposible. Tal y como están las cosas, es normal que prolifere el movimiento *okupa*. Ya saben, esa gente que se instala en tu casa sin permiso. Como tu suegra, pero con camisetas de Extremoduro, un perro y una flauta.

Sin ir más lejos, en Málaga, varias familias gitanas han ocupado durante dos días una urbanización de lujo que era propiedad del banco. No un pisito sólo, no. Veías a la gente: «¡Ay, los pisos! ¡Me los quitan de las manos!» Y el banquero: «No, señora, nos los ha quitado usted.» ¡Qué cracs, los gitanos! Han dicho: «Pues si no tenemos casa, ¿dónde vamos a ir? Si hace falta ya nos ponemos esmoquin, ya pagamos los gastos de comunidad.» Es una buena oferta, ¿eh?

Yo, si pudiera, ocuparía la Mansión Playboy. Me han dicho que tiene unas vistas preciosas. No, en serio. El dueño de la mansión, Hugh Hefner, que tiene ya ciento veintinueve años y va por ahí con el mismo batín y sigue ahí el hombre, aguantando, es un señor muy solidario. Que ha dado cobijo a todas esas jovencitas que no tienen dinero ni para ropa. Les ha puesto unas orejas de conejo y hala, se lo han creído.

Por cierto, es extraño que haya una mansión de una revista, ¿no? ¿Por qué en España no se hace? La mansión Pronto. Con señoras mayores hablando de telenovelas con orejitas de conejo.

Hablando de mansiones, me encantaría visitar la casa de Berlusconi, tiene que molar dormir en casa de un presidente. Cotillear sus cajones... Todos lo hemos hecho. Que entramos al baño en casa de un amigo y lo primero que hacemos es abrir el armario del espejo. ¿Qué esperamos encontrar? «¡Uuuuh! ¡Se lava los dientes!» Yo, cuando fui a entrevistar a Zapatero, lo hice. Tiene unas pinzas para las cejas tan grandes como un cortacésped. Y no baja la tapa.

Y claro, si Berlusconi le deja la casa a unos desconocidos, tendrá que explicarle cómo funciona todo. Que siempre se dicen las tres mismas cosas: «Os he dejado mantas, porque esta casa es muy fría por las noches; la caldera se atasca, hay que darle unos golpes; y ojo con la puerta de fuera, que no cierra bien.» Que te entran ganas de decir: «¿Y por qué vives en estas condiciones? ¿Me estás haciendo un favor o una putada?»

En fin, que hoy en día tener una casa es un lujo. Bueno, el doctor House se ha tenido que vender el apellido. Ahora se llama doctor Habitación Compartida.

EMITIDO EL 15 DE ABRIL DE 2009

EGIPTO

En Egipto, han descubierto cuatro templos faraónicos de más de cuatro mil años de antigüedad. Todos en una tarde.

Quiero felicitar a los arqueólogos por esta labor, porque no debe de ser fácil. Claro, los templos sólo miden ochenta metros, están rodeados de 26 almacenes de la época y de quince torres de vigilancia de veinte metros de altura, y estaban junto a una carretera. Esto, si no te fijas un poco, se te pasa.

¿Pero cómo no los habían visto antes? Igual es que justo al otro lado de la carretera había un toro de Osborne y todos se distraían: «¡Anda, mira, un toro de Osborne!»

Todos tenemos la imagen del arqueólogo tipo Indiana Jones, con sombrero y látigo. Súper útil para excavar, el látigo: «¡Voy a levantar la tierra a latigazos!» Pero en realidad, estos señores sólo van armados con un cepillo de dientes para limpiar. Que si encuentras una dentadura, bien, pero para limpiar cuatro templos es difícil. Hombre, ponedles una mujer de la limpieza: «No me pises el templo de Osiris que está *fregao*. Pisa por los pergaminos.»

Osiris, que parece un diagnóstico de «House» («¡Está necrosando! ¡Tiene Osiris!»), en realidad es un dios egipcio. Uno entre muchos, porque los egipcios tenían un montón de dioses. Entre ellos, perros y gatos.

A mí me encantan los dioses animales. A lo mejor las misas egipcias se celebraban en un pipicán. Y los mandamientos son: «No darás la patita en vano. Amarás tu hueso de goma sobre todas las cosas, y no le olerás la entrepierna a otros dioses.»

Pero si por algo se recuerda a los egipcios es por las pirámides. Me perdonarán, pero están sobrevaloradas. En Egipto la carrera de arquitectura la hacían los tontos. «¿Sabes hacer triángulos?» «Sí.» «Aprobado.»

Que dicen que por dentro son laberintos. Que muy currados no estarán, si mi madre las visitó este verano y no sabe ni programar el vídeo. De hecho, se dice que después de construir la pirámide, mataban al arquitecto para que no contara cómo se salía de allí. Que al primer arquitecto le engañas, pero el segundo ya empieza a sospechar: «Uy, ¿hacer una pirámide? ¿No prefieres una rotonda, al aire libre, con testigos?»

Las pirámides en realidad son las tumbas de los faraones. Les enterraban con sus pertenencias más queridas: sus tesoros, las joyas, la Wii... Incluso si el faraón moría antes que su mujer, a ella la enterraban viva, junto a él. Que ni muertos podían descansar de la mujer: «Pues lo que te iba diciendo, que Tutankhamon me ha *mirao* mal.» Daría para una serie tipo «Matrimoniadas»: Faraonadas. «¡Nefertitiiiiiii!» «¿Qué quieres ahora, Ramsés?» «Sólo decirte que eres una diosa.» «¿Por guapa?» «No, porque eres mitad persona y mitad vacaaaaa.»

Otro logro por el que se admira a los egipcios es por su complejo sistema de escritura: los dibujitos. Hablaban con jeroglíficos. No en sudokus o en siete diferencias. Que escuchabas a los egipcios: «Aguilucho, aguilucho, ojo gigante, cocodrilo.» Y el otro: «¡Uuuuh, lo que me ha dicho!»

Y tampoco dibujaban muy bien, que siempre los hacían de perfil. ¿Por qué los dibujaban así? A lo mejor no eran dioses, que eran delincuentes, y era la ficha policial.

En cualquier caso, yo admiro mucho a los egipcios. Es el único país que tiene unos estudios propios: egiptología. No existe andorrología. «¡Oh! ¡He descubierto un paquete de Winston a mitad de precio!» Ni la españología: «¡Mira qué momia tan bien conservada!» Y otro: «No, no, es Jordi Hurtado.»

EMITIDO EL 22 DE ABRIL DE 2009

LA CRISIS Y LOS COCHES

Según una encuesta, el 40 por ciento de los conductores españoles modera su conducción desde que estamos en crisis por miedo a las multas. Vamos más lentos. Sólo hay que ver a Fernando Alonso. No pasa de cuarenta. ¿Por el coche? No, por ahorrarse la multa. Y le han dicho: «Oye, que estamos en Bahréin», y él ha dicho: «Bueno, bueno, la policía española está en todos *laos*.»

En Cataluña, ni ponemos en marcha el coche. Lo empujamos hasta el trabajo. En el caso de que tengas trabajo. También se dan casos en los que sucede al revés: que te empujan del trabajo hasta el coche. Es que estamos tan mal que vas a pagar el peaje y la tarjeta no quiere. Algunas se han escapado corriendo por la autopista. Que te las encuentras luego haciendo autostop, con un cartelito que dice: «Si me llevas, te digo el pin.»

Mucha gente ha sustituido el clásico «Papá no corras» con la foto de los niños por una fotocopia de la hipoteca. Y pone «Papá no pringues».

Con dinero, las multas no son un problema. En los buenos tiempos la gente iba a 180 y saludando para la foto del radar. Como en el Dragon Khan. Que te llegaba la foto a casa y te decían: «¿Éste de la fotografía es usted?» Y tú, chulo: «Sí, ¿cuánto hay que pagar? Veo este radar y tres más.»

También hemos moderado el consumo de alcohol por miedo a que nos pillen en un control y nos empapelen. Ahora ya no se dice «Si bebes, no conduzcas», sino: «Si debes, no conduzcas.» Es curioso porque si ves a alguien que te hace señales para detenerte en una cuneta, o es policía o es prostituta. Lo mires como lo mires, te va a costar dinero y no va a haber amor. Eso sí, sabes que es un control de alcoholemia si al lado del poli está el de «Callejeros». Es que están en todas partes. Que vas a buscar a tu hijo a una guardería y están allí: «Hola, ardillitas. ¿Qué consumís?» Y el niño: «Plastilina.»

De los controles siempre me ha llamado la atención que te paran y te preguntan: «¿Ha bebido usted algo?» ¿Qué esperan que les digamos? «Sí, sí, me he puesto *to* fino.» Tú lo niegas. Luego te hacen soplar y sale lo que sale: «Señor, ha dado usted 5,2.» Y tú: «¡Genial, he aprobado!» Otra pregunta inquietante que te hacen es: «¿Tiene usted algún amigo o familiar que pueda venir a buscarle?» Y tú le contestas: «Si tuviese amigos estaría con ellos y no borracho en esta carretera.» En estas circunstancias el diálogo es muy surrealista: «Tenemos que inmovilizar el vehículo», y tú dices: «Vale» mientras intentas subir. Y ellos: «No, inmovilizar es bloquear.» Y tú: «Vale, pero ¿lo puedo coger?» «No, bloquear es que no va el coche.» Y tú: «Sí que va, que yo venía con el coche, si vivo aquí al lado, en una urbanización a 35 kilómetros, si no hay curvas.»

¿Se han fijado que cuando te paran, te hablan en un idioma educado? Para mí, es demasiado técnico para un policía, ¿no creen? Te dicen: «Caballero, si es tan amable, vamos a proceder a la elaboración del control reglamentario para constatar si ha ingerido usted alcohol a un nivel superior al permitido.» Y tú: «¿Lo de soplar, no?»

Por cierto, lo del control de alcoholemia no ha salido del ámbito policial, pero tendría su utilidad para los padres de hijos adolescentes. Llega el hijo a las cinco de la madrugada y abre la puerta como un ladrón para que no se note, que el tío es tan tonto que piensa «no lo va a notar». ¿No lo va a notar? Que tu madre está con los brazos en jarra y moviendo el pie detrás de la puerta desde la una de la madrugada, esperando. Y abre en silencio y está la madre en la puerta, con un chaleco de punto reflectante: «Estaciona en el recibidor, por favor. Las manos sobre la figurita de Lladró, donde yo las vea.»

Según la encuesta de la que hablábamos, con la crisis también aparcamos mejor el coche para evitar que se lo lleve la grúa. A mí me gusta ese momento en que vas corriendo detrás de la grúa como a cámara lenta: «¡Noooooo! ¡Que es mi cocheeeee!» Es como si te robaran a un hijo. Que también piensas: «*¿pa* qué corro si no la voy a pillar?» Al final tú te quedas en medio de la calle mientras, desde tu coche, el chihuahua que mueve la cabeza parece decirte: «Te dije que era zona azul.»

Yo creo que el máximo nivel de mala leche que puede alcanzar un ser humano sin oír la COPE es yendo a buscar el coche a la grúa. Entras con tanto odio que puedes cargar la batería del coche con sólo mirarla. Y la chica de la ventanilla: «¿Le puedo ayudar en algo?» Y tú: «Sí, traiga mi coche y colóquese debajo de las ruedas.»

EMITIDO EL 28 DE ABRIL DE 2009

ÁRBITROS

Vieron el partido del otro día? El árbitro pitó menos faltas que el de Oliver y Benji. Hasta Guardiola se quejó. Y eso para Guardiola es mucho, ¿eh? Siempre tan educado, tan contenido, tan escéptico, tan catalán. Que es la famosa contención catalana: «¿Estás contento?» «Sí, perooooo a lo mejor luego no.» «Hombre, pero disfruta ahora que luego aún no ha *llegao.*» «Sí, perooo. Estoy muy bien de verdad, lo disfruto por dentro.» Mira a Montilla: está encantado pero no lo notas.

Guardiola, que en catalán es «hucha», José Hucha, ha dicho que el arbitraje fue un escándalo. Pobres árbitros, siempre tienen la culpa de todo. Hay quien los culpa de la gripe porcina. Y no es justo. Tienen un trabajo durísimo: manda tú a 22 millonarios, sólo con la autoridad que te da un pito. No es fácil porque si ganas ocho millones, no le haces caso a un tío al que no le llega ni para una harmónica.

Además en la tele se ve como los jugadores les insultan. Los micrófonos no llegan, pero hay insultos que se notan, sobre todo si ponen las imágenes a cámara lenta. Ves a ese jugador cabreado, vocalizando a cámara lenta: «Hiiii-joooo-deee-puuuu-taaa.» Con el escupitajo como signo de exclamación, ese escupitajo futbolero, que parece que se lo guardan toda la semana. Y luego en la rueda de prensa: «¿Le ha dicho "hijoputa" al árbitro?» Y él: «No, no. Le he dicho: "exijo mi fruta".»

Lo que es injusto es que nadie les anime a ellos. Tendrían que tener su propia afición, que hiciera la ola cuando tirara la moneda.

Unos: «Caaaaaraaaa.» Y los otros: «Cruuuuuuz.» Y el árbitro yendo a celebrarlo a la banda, con la camiseta negra por encima de la cabeza, haciendo el avión.

Ser árbitro está tan mal visto que algunos lo ocultan en casa. Un día llegan y su madre les está esperando despierta: «He encontrado esta tarjeta roja en tu habitación. ¿No estarás arbitrando?» Y él: «Eeeh, no, mamá... Esta tarjeta roja es... mi carné de comunista.» Y la madre: «Ya. ¿Y esta tarjeta amarilla?» «Miiiii... eeeh... carné de chino.»

Sólo hay una cosa peor que ser árbitro. Ser juez de línea. La gente no se acuerda ni de que están. Con esas banderitas, que cualquier día aterrizará una avioneta en el campo. Sólo intervienen para decir «fuera de juego». «¿Fuera de juego? ¿Y lo dices tú, que no te han dejado ni entrar al campo?»

Además tienen unos nombres bastante curiosos: Mejuto González, Brito Arceo, González Sinde; ah, no, ésta no, ésta es ministra. Hay uno que se llama Undiano Mallenco... que parece un nombre como de *El Señor de los Anillos*: «Undiano Mallenco, hijo de Béremor, tendrás que expulsar a los orcos con la tarjeta roja única.»

Antes había uno que se llamaba Japón Sevilla, que es nombre como de línea aérea: «Japón-Sevilla, correspondencia con línea cuatro.» Siempre se dicen los dos apellidos de los árbitros. Esto es para que, a pesar de lo que se grita en los campos, quede claro que tienen madre y padre.

A mí me maravilla cómo sacan las tarjetas, tienen un gesto marcial, como diciendo: «¿Qué pasa? ¡Y si me da la gana te expulso!» Son más chulos que Esperanza Aguirre vestida de Mosso d'Esquadra. Yo creo que un día les saldrá el brazo disparado. Este gesto sólo te sirve si eres árbitro o si quieres matar una mosca con una zapatilla.

Yo lo que me pregunto es: ¿Por qué no hay árbitros mujeres? Serían buenas. El jugador: «¿Por qué me sacas tarjeta?» Y ella: «Ah, no sé, tú sabrás.» «A ver, échame el aliento. Tú has estado en fuera de juego.» Ahora, eso sí, para encontrar las tarjetas en el bolso igual se tiran diez minutos.

EMITIDO EL 29 DE ABRIL DE 2009

DÍA DE LA MADRE

El Día de la Madre es un día muy triste para *Bambi*. Cada año se le ve en el Corte Inglés en el departamento de abrigos de piel, arrimándose. Yo la última vez le compré una botellita de perfume a la mía: «Eau de señora mayor.» Siempre le regalo colonia. Hay tal acumulación de colonia de señora en esa casa que siempre está rodeada de divorciados, como zombis: «Sexoooo...»

Es un día especial para acordarse de las madres. Cada uno de la suya, ¿eh? Si otra persona se acuerda de tu madre, no suele ser para nada bueno. Aunque para ser justos tendría que haber también un día del hijo, y ya puestos, el día del cuñado, o el día del primo segundo del pueblo, o el día del butanero. «Tome, señor del butano, una corbata, nunca se sabe...»

Hay quien dice que es una celebración que se han inventado los comerciantes para vender más. A todos esos enrollados les voy a mandar un mensaje: no seas rata y cómprale un puto pañuelo a tu madre. ¿Tú sabes lo que sufrió el día que naciste, con ese cabezón que tienes? Mira a Pepe Navarro, que cada año le paga a su madre un viaje a las Seychelles.

Las madres tienen esa arma, la de los dolores de parto, lo tienen siempre para recordarte: «Mira lo que he hecho por ti.» La mía tiene el parto grabado en VHS. Me amenazaba con ponerlo cuando me portaba mal. «Niño, ve a comprar el pan.» «No puedo, mamá, que estoy en mi habitación... haciéndome... unos crucigramas.» Y ella decía: «Bien, pues voy rebobinando.» Rebobinar un parto es feísimo porque va el niño *pa* dentro, da mucho asco, no lo hagáis nunca. Y yo, claro, limpiaba el crucigrama y me iba a por el pan. ¿Qué estais pensando? Es que lo hago a lápiz primero, por si me equivoco.

Y ahora es peor. Porque se ha comprado un *home cinema*. Parece que estés dentro. Otra vez. Y ahora quiere sacar una edición coleccionista en DVD. Con extras: comentarios de la comadrona: «Cuando vi la nariz, lo flipé.» Rezo para que no incluya un «cómo se hizo».

Mucha gente lo pasa mal el Día de la Madre, porque le has regalado ya muchas cosas. De pequeño es más fácil: haces un collar con macarrones y listos. En Italia pueden estirarlo más tiempo porque hay más variedad: collar de *penne rigatte*, collar de *fusilli*. Hay italianos de treinta años que todavía usan ese recurso. «¡*Il mio figlio* me ha regalado un collar de perlas!» No, señora, no son perlas, es un collar de ñoquis.

Las madres se merecen este día, porque ser madre es sufrir. Siempre están pensando en las maneras en que su hijo se puede hacer daño. Mira que pueden pensar en cosas, pero ellas siempre están pensando en la manera en que puedes morir. Cualquier cosa es una amenaza: enchufes, esquinas, ventiladores... «Mamá, tiene rejilla. Para poner los dedos dentro tendría que usar unos alicates.» Y ella: «¡¿Alicates?! ¡¿Dónde?!»

Pero el rey de los peligros infantiles son: las bolsas de plástico. Parecen inofensivas, pero son más peligrosas que el estrangulador de Boston. «Niño, cuidado con esa bolsa, no te ahogues.» Yo iba a comprar al súper y lo tenía que llevar en las manos, todo amontonado. De pequeño, soñaba con bolsas del Dia persiguiéndome por la calle, andando con las asas. Yo en *El señor de los anillos* voy con Sauron, porque el apellido de Frodo es Bolsón y claro, me da miedo.

Y cruzar la calle. Ése también es un peligro para las madres. Mi vida hasta los diez años pasó alrededor de una manzana de casas, no podía ni ir a jugar a casa de un amigo que vivía enfrente. «No, que pasan coches.» «Pero si es una calle peatonal.» «¿Y si pasa un gordo corriendo, eh?» «¿Y si el gordo lleva una bolsa de plástico?» Bueno, bueno, entonces ya...

Mi madre me acompañó al colegio hasta cuarto de carrera. De hecho, me acompañó al trabajo hasta el año pasado, cuando conseguí que me acompañara Berto.

Detrás de todo gran hombre, hay una madre chupando un pañuelo para limpiarle la cara. Michael Jackson se volvió blanco porque su madre tiene una saliva muy ácida. Bueno, en realidad, las fábricas de toallitas húmedas son un grupo de madres lamiendo *kleenex*.

Sólo hay una cosa más potente que la saliva de madre: el orgullo que sienten por su hijo. Sobre todo cuando se pican con otras madres. «Mi hijo es arquitecto.» «Pues el mío es cirujano.» «Pues al mío lo han cogido en "Gran Hermano" y va a ganar más dinero que los vuestros.» Una vez tuve que simular que era embajador, porque mi madre lo dijo en la peluquería. Tenía doce años. Dije que era el embajador de Andorra, que es pequeñita. Mi madre llegó a montar una recepción en casa. Había Toblerone y Winston para los invitados.

Y para terminar, dejadme que aproveche para leerle un poema a mi madre que me he apuntado en la mano... Es que... se me ha borrado, porque... me he hecho... un crucigrama antes de salir. Pero te quiero mucho, mamá.

EMITIDO EL 4 DE MAYO DE 2009

MEDIDAS GRIPE PORCINA

La Organización Médica Colegial de España, la OMCE, conocida por sus médicos que venden cupones, ha dicho que el virus de la gripe porcina no es más grave que una gripe común. Todo lo contrario de lo que sucede con la película *Mentiras y gordas*, que es peor de lo que habían dicho.

Es que últimamente estamos muy alarmistas: que si la gripe, que si la crisis, que si Risto no iba a estar en «OT»... Fíjate si se había exagerado lo de la gripe que, para disolver manifestaciones, los Mossos habían dejado las porras y habían empezado a estornudar. La multitud gritando: «¡No al plan Bolonia!» Y los Mossos estornudando. «Vale, vale, tío, ya me voy.»

Ayer cogí un avión, era un vuelo de unas ciento diez personas y sólo dos llevaban mascarilla, una pareja mayor. Entonces la sensación era extraña, que tú estabas a su lado y decías: «¿Quien está mal, ellos o el resto?» Yo, de entrada, creo que son ellos los que están mal pero, claro, cuando uno va con mascarilla puede ser por dos cosas: o está mal y no te quiere contagiar a ti, o tú tienes cara de estar mal y se tapa porque no quiere contagiarse. Y éste era el plan que había, todos allí mirándonos, y encima al hombre se le entelaban las gafas con el vaho.

Se ve que con el cerdo hay mucha paranoia. El otro día un hombre atracó un banco armado con un chóped: «¡Todo el mundo al suelo o lo corto a lonchas finitas! Dadme lo que quiero que estoy *to* loco.» Y empezó a cortar lonchas finas de chóped que salían como hostias.

A pesar de lo que dicen los médicos, que son esos señores con bata que nos dicen que no tenemos que fumar y luego salen ellos a fumar un rato, las medidas de seguridad son cada vez más estrictas. Rusia ha anunciado que no importará jamón español. Vale, muy bien. Nosotros no somos así. Seguiremos comiendo ensaladilla porque tenemos más clase. Y polvorones de la Estepa. Por respeto.

En España también se han tomado medidas para frenar la gripe. Una es que la conduzca Fernando Alonso. La otra es aislar los aviones con pasajeros sospechosos de estar contagiados. Incluso las azafatas han ensayado ya las nuevas indicaciones: «Hay tres salidas de emergencia. Si ven que algún mexicano moquea, ábranlas y échenlo al mar.»

En México se quejan de que les hacen el vacío, por miedo a contagiarse. Antes los turistas bailaban la conga de Jalisco con alegría, ahora cogen la punta de la camisa del que tienen delante con los dedos por si acaso: «La conga de Jalisco...», y se giran al de atrás: «No hace falta que nos toquemos tanto, ¿eh?» Hasta que se les pone delante Salma Hayek; entonces dicen: «A la mierda la gripe», y se echan encima de ella.

Sin duda, la medida más surrealista, esto es cierto, fue la de prohibir los besos y las caricias en las telenovelas mexicanas. ¿Qué van a hacer? «María Ofelia del Carmen Hermoso, creo que te amo, más que a mi propia vida. ¿Por qué no sellamos nuestro amor... mandándonos un emoticono por el Facebook?»

Afortunadamente los científicos ya dicen que no hay para tanto. Pero, a pesar de lo que digan ahora los científicos, yo soy muy hipocondríaco. El médico me dice: «Tiene usted una salud de hierro.» Y yo, paranoico: «¿Qué quiere decir, que me estoy oxidando, doctor? ¿Es eso?» «No, no, que está como un roble.» Y yo: «¿Como un vegetal, doctor? ¡Desconécteme!» Y él: «De verdad, Andreu, tienes la cabeza llena de pájaros.» Y yo: «¡Por lo que más quiera, quítemelos doctor!»

Es que esta gripe, aunque digan que no es para tanto, da miedo. Ya, para empezar, el nombre: virus H1N1. Empate. Pero todo el mundo la conoce por gripe porcina. Que es como la gripe aviar: tú coges una enfermedad normal y le pones un animal detrás y da miedo. Por ejemplo: migraña perruna. Da miedo. O el «juanete bovino», la pandemia que deja los pies en forma de pezuña. No mata, pero no puedes volver a llevar sandalias.

Yo me pregunto si los animales tienen enfermedades con nombre de personas. «El moquillo de Jose Luis», «la rabia de Federico», «la garrapata de Rajoy»... Ah, ésa sí. La llama «Esperanza».

EMITIDO EL 5 DE MAYO DE 2009

El Coi

Recuerdan cuando Madrid recibió la visita de trece miembros del COI? Del Comité Olímpico Internacional, no de Alcoi, el pueblo. Venían para ver si Madrid estaba preparada para acoger los Juegos Olímpicos de 2016. Los madrileños no estaban tan emocionados desde que Guti se cortó las puntas.

Para dar buena imagen, Gallardón pidió a los ciudadanos que sonrieran por la calle. Tú imagínate que llegas a una ciudad y ves que todo el mundo enseña los dientes. Eso acojona. Te vuelves paranoico: «¿Qué pasa? ¿De qué os reís? ¿Tengo un moco? ¿La bragueta? ¿Un moco en la bragueta?»

Enseñar la ciudad es como enseñar la casa pero a lo grande: «Dejad los abrigos aquí en el trastero, también conocido como el Bernabeu.»

Cuando enseñas la casa sólo dices obviedades: «Esto es la cocina... esto es el baño...» «Ya sé lo que es una cocina y un baño. Y si tú no los distingues, no quiero comer en tus platos.»

Cuando enseñas tu ciudad a uno de fuera vas a sitios a los que no habías ido. Como los tienes cerca, los ignoras, como Portugal. Yo la semana pasada descubrí que la Sagrada Familia está en Barcelona. Además tienes que dar información, aunque no tengas ni idea: «Pueeeees... la Sagrada Familia la construyó... Juan Sagrada.» Y un listo: «¿No fue Gaudí?» «Sí, claro que fue, pero pagó entrada como todo el mundo.»

Para que a Madrid le dieran los Juegos Olímpicos, necesitaba un logotipo reconocible. El suyo tendría que haber sido, en lugar de los cinco aros, cinco calamares a la romana. O cinco callos a la madrileña.

Por cierto, ¿qué ha pasado con *Cobi*, la mascota de Barcelona'92? Ha caído en el olvido. Yo creo que de aquí a poco lo veremos en «Callejeros», con chándal y riñonera, mendigando. «Hola, *Cobi*, ¿qué tal?» «Pues nada, aquí, un poco *chafao*.» O a lo mejor está en una isla, con otras mascotas: *Curro*, *Naranjito* o Llamazares.

Los había que decían que era difícil que nos dieran los Juegos porque en 2012 se celebran en Londres y nunca se hacen dos ediciones seguidas en un mismo continente. Pero no entendieron que Gallardón tenía un plan: todas las obras que hay en Madrid, en realidad, eran para desmontar la ciudad poco a poco y llevársela a Asia. Ahora hay que devolverlo todo a su sitio.

Las otras candidatas, aparte de Madrid, eran: Chicago, Tokio y Río de Janeiro. ¡Bah! Se veía claro que no tenían nada que hacer... ¿Qué les iban a enseñar de Chicago? Si ahí no hay nada. ¿Quién las iba a promocionar? ¿Obama? ¿Michael Jordan?...

O Tokio. Ya veo al alcalde: «Mirad, tecnología punta, hemos inventado un robot que sube y baja escaleras.» Perdone, mi madre sube y baja escaleras y no se la enseño a los del COI. Además, mucha tecnología pero luego no encendéis la vitrocerámica para cocinar el pescado.

¿Y cómo iban a enseñar Río de Janeiro? ¿Cómo les iban a enseñar las instalaciones si no dejan de pasar mulatas por delante? Samba, sexo, buen tiempo, el mar, la playa, las caipiriñas... ¡Río de Janeiro no tenía nada que hacer!

EMITIDO EL 6 DE MAYO DE 2009

CELEBRACIONES

En la mañana siguiente a la final de la Champions en Roma, Barcelona estaba de resaca. Miles de catalanes salieron a celebrarlo. Como es gratis... Hasta Montilla salió al balcón de su casa. Dijo: «Oé, oé, oé, oé, oé, oé.» Y volvió para dentro porque refrescaba un poco.

Barcelona era un gran ERE: todos a la calle.

Hubo quinientos aficionados que fueron a esperar al equipo al aeropuerto a las cinco de la madrugada. Que eso mosqueó a alguna de sus parejas: «¿Dónde vas a estas horas, cariño?» «Al aeropuerto, a perseguir un autocar.» Y la mujer: «Ah, pero cuando mi madre vino de Tenerife tuvo que coger un taxi.» «Bueno, también iría a buscarla si en lugar de criticarme ganara la Champions.»

Hay mucha gente que celebra las victorias futbolísticas haciendo el amor. Joan Eloi es socio de todos los clubs de España, para asegurarse. Yo creo que dentro de nueve meses habrá un *baby boom* en Barcelona. Una generación de niños que se llamen Guardiola. Todos muy prudentes. «Qué bien, Guardiolito, has sacado un sobresaliente en mates.» Y el niño: «Bueno, bueno. Todavía queda el inglés...»

Lo malo de estas celebraciones es el ruido, con tanto petardo y tanta bocina. Que hay gente que está durmiendo: ¿por qué no lo celebramos con instrumentos menos ruidosos? Un triángulo, por ejemplo: «¡Bar-ça! Dring, dring, dring.»

Sería una celebración mucho más contenida, más propia del norte de Europa. Seguro que en Suecia salen a celebrar las victorias con un clarinete. Y se encuentran en la fuente de Canaletten. «Qué bien que hemos ganado, ¿verdad, Hans?» «Sí, estoy como loco.» Se dan la mano y luego lo celebran montando unos muebles de Ikea.

Aquí somos más mediterráneos, más folloneros, más de cantar canciones. Eso sí, no sabemos cantar mucho, a excepción de los de «OT», que todos cantan muy bien, que yo no sé para qué hacen el programa si todos cantan tan bien. Pues aquí somos de cantar con la sílaba «lo». «Lo-lo-lo-lo...» Algunos diréis: «Qué simple.» Bueno, Massiel cantó «la» y ganó Eurovisión.

La celebración de una victoria es una de las pocas ocasiones en las que puedes abrazar a un hombre desconocido sin estar en el desfile del orgullo gay y no pasa nada porque es cariño de fútbol.

Quien no se lo pasa tan bien es el pobre corresponsal al que mandan al meollo. Los ves en medio de la avalancha y te hacen sufrir. No es un enviado especial. Es una putada especial. Y se han dado casos graves. El otro día hicieron obras en la Rambla, levantaron el suelo y salió un corresponsal de cuando el Barça ganó en Wembley. Sacó la cabecita diciendo: «¿Se han ido ya?»

Y es curioso, porque tampoco hay mucho que decir cuando estás rodeado de *hooligans* borrachos; siempre es lo mismo: «Pues la gente lo está celebrando muy animada.» Ah, muy bien. Eso ya lo vemos. Es como cuando envían a los de «España Directo» a la montaña porque ha nevado: «Pues sí, Pilar, ha nevado.» «¿Y qué más?» «Pues... nada más.»

EMITIDO EL 7 DE MAYO DE 2009

APRENDER IDIOMAS

El nuevo lehendakari, Patxi López, tiene un gran reto en su legislatura: aprender euskera. Que es como el español, pero sin cobertura. «Omoc... orrec... Anuk...»

Hasta ahora, Patxi López sólo tenía las nociones básicas para un político. Sabía decir «vóteme», «*votoak*»; «Váyase, señor Ibarretxe», «*Agur, Spock*»; y «recalificar», «*kachuli*».

Aprender un idioma no es fácil. Todavía me acuerdo de cuando iba a clases de inglés. Con un profesor nativo. Que cuando leí «profesor nativo» creí que vendría en taparrabos, pero no. Era un tío obsesionado con los lápices: «*This is my pencil*», «*This is not my pencil*», «*Is this my pencil?*» Al final te enfadabas: «¡Y yo qué sé! ¡Quédate el lápiz, hombre, si tengo más! ¿No tenéis lápices en Inglaterra o qué?»

Después también quería que aprendiéramos a decir cosas tan útiles como «*My taylor is rich*» —en español, «Mi sastre es rico»—. Que yo pensaba: «Pues si es tan rico que te compre una caja de lápices.»

Otra forma de aprender idiomas son los cursos por televisión. Había uno muy famoso en el cual te enseñaba inglés Muzzy, un monstruo grandote y peludo, como Espinete pero con moho. ¿Les tiene que enseñar inglés a los niños un monstruo? «*My taylor is rich?*» ¿Por eso no llevas pantalones?

También hay quien aprende inglés de manera autodidacta, escuchando canciones. Eso te da un vocabulario limitado: *Baby*, *I love you*, *In the sky*, *Obladí obladá*. Esta última ya te cuesta más de meter en una conversación normal: «¿Qué quieres, ir al cine o al teatro? ¿Obladí, obladá?» Bueno, gracias a *Grease* todos sabemos decir *aigatchú amonteplayer*, que quiere decir... «agáchate en el monte y en la playa».

Y luego están los que creen que no hace falta estudiar idiomas, porque hablando español despacio y muy fuerte te van a entender igual. «HO-LA, ¿DÓN-DE ES-TÁ LA TO-RRE EI-FFEL?» Son franceses, no sordos. Que de tanto gritarles te quedas afónico. Llongueras quedó así de un viaje de fin de curso.

A mí me llama la atención la gente que dice: «Yo el inglés lo entiendo, pero no lo hablo.» Ah, muy útil. Y cuando vas a Londres ¿qué haces? ¿Te quedas en una esquina callado y esperas a que te pregunten? «Perdone, tiene cara de querer ir a Picadilly Circus. ¿Quiere que le indique?»

También está la versión contraria, que es decir: «*Ai gat de many flower can.*» ¿Qué has dicho? Son los que hablan inglés pero no lo entienden.

Lo que sí aprendemos rápido son los insultos. Se ve que se graban en alguna zona del hipotálamo, *the hipotalm*. Y es muy útil, porque sólo con insultos puedes trabajar en «La Noria» de cualquier país. *The nory*, *La noir*, *La norini*, *Da Norien*... Es que yo tengo facilidad para los idiomas.

El único idioma que me cuesta es el chino. Ya para empezar, las letras son diferentes. Que para escribir una letra en chino hay que sacarse primero bellas artes. Aunque para ellos también tiene que ser difícil el español. Yo creo que sólo saben decir los nombres de los platos: «pato pequín, arroz tres delicias, familia feliz.» Y sólo con eso están consiguiendo invadir el país, con tiendas de cosas súper útiles pero muy baratas que al final te compras. «¿Pero para qué quieres un loro de porcelana?» «Y yo qué sé, pero es tan barato...»

Sé lo que estáis pensando. He hecho un monólogo sobre idiomas y no he hecho ninguna broma con el francés y el griego. Es que ése es un tema que me preocupa. ¿Por qué no existe una postura sexual para todos los países? Por ejemplo, un inglés: hacer el amor por la izquierda. O un sueco: hacerlo en una cama de Ikea. O un español: dos lo hacen y ocho miran.

EMITIDO EL 11 DE MAYO DE 2009

REACCIONES INFANTILES

Un debate del estado de la nación en el Congreso es como un parvulario: Mariano Naniano Rajoy acusando a ZP de haberle copiado las propuestas anticrisis. El presidente contestando que no había copiado nada. Y Rajoy: «¿Ves? Nada. Ésas eran mis propuestas.»

Porque el tema de las propuestas de Rajoy trae cola. Mariano se sube a la tribuna, y esto es cierto, y enseña la carpeta que supuestamente contiene sus propuestas, pero no las explica. Enseña la carpeta, la mueve rápido de un lado a otro mientras dice: «Aquí están las propuestas. ¡Están aquí! ¿No las ves? ¡Aquí! ¡No, aquí!» Hay quien a las propuestas de Rajoy las llama «propuestas Jordi Hurtado», porque en principio existen, pero nadie puede confirmarlo.

Es que los políticos son como niños. Menos De la Vega, que podría ser la madre de todos. El Congreso parece el patio de un colegio. Bono sería la señorita, separando a Zapatero y a Rajoy: «¡No *ojjj peleijjj*!» Y Zapatero, amenazante: «¡A las cinco en los leones!»

Incluso a muchos les esperan sus madres a la salida del Congreso: «Mariano, ¿lo has insultado todo?» «¿Dónde te has metido que vas tan enfangado?»

Hay muchos adultos que tienen comportamientos infantiles. Esto es lo que se conoce como síndrome de Peter Pan. Que no es que te guste ir con mallas, eso es ser *okupa*. El síndrome de Peter Pan es que no quieres crecer. Por ejemplo, Leticia Sabater. Una señora, que ya era señora en la década de los noventa, vestida con coletitas y chándal. Que parecía la abuela de la Barbie: «¡A mediodía... alegría!» Y pretendía educar a los niños. Y los niños: «No, por nosotros no lo hagas, de verdad.»

Todos nos comportamos como niños alguna vez. Sobre todo en el mundo de la pareja. «¿Otra vez vas al bar?» Y él: «Es que al Antonio le dejan...» «Sí, le dejan. Le han dejado ya siete novias.»

Otro comportamiento infantil que tenemos los adultos es el de inventarnos cosas para quedar por encima del otro, también conocido como «a ver quién la tiene más larga». Esto pasa cuando alguien dice: «Mi novia tiene dos carreras», y tú, inventándotelo: «Pues la mía... tiene todas las carreras... del mundo...» Que los otros no se lo creen: «¿La Yoli? ¿Carreras? Pues como no sea en las medias...» Yo una vez entré en una espiral de mentiras, y acabé diciendo que tenía una novia que se parecía a Scarlett Johansson, tenía cuatro pechos, uno de los cuales daba coca-cola, ¡y que le gustaba el fútbol y entendía el fuera de juego! Me pillaron por lo del fútbol.

Pero si hay algo peor que un adulto actuando como un niño es un niño que actúa como un adulto. No me refiero a Sarkozy. Él es un adulto, lo juro. Me refiero a «los odiosos niños sabiondos». Que les preguntas qué quieren para Reyes y te contestan: «Que acabe la crisis y cesen las fluctuaciones bursátiles. ¿Y tú, Andreu, qué has pedido?» «Yo... la Play.»

EMITIDO EL 12 DE MAYO DE 2009

ECOLOGISTAS

Se acaba de celebrar el 25 aniversario de Greenpeace España; Greenpeace, que significa «paz verde». Como Gandhi más el Increíble Hulk. Una cosa curiosa: por un lado te desea paz y por el otro te pega un viaje increíble. «Quieres paz, ¿no? Pues te atizo una leche y ya verás como la quieres.»

Con motivo de este aniversario, la entidad ecologista ha destacado que España es el primero de los países de la Unión Europea en calentamiento global, es decir: no sólo somos los primeros en paro, sino también en calentamiento. La cola del INEM es larga pero al menos no se pasa frío.

Yo ahora me estoy concienciando con el tema del reciclaje; el problema es que me falta basura o me sobran contenedores. El otro día me lié y quise meter una lata en un buzón. Como era amarillo... Al final me he tenido que instalar una tabla de Excel para saber dónde se tira cada cosa. Azul: papel; amarillo: plástico; verde: vidrio; y uno rojo que he puesto para los chistes malos. El viernes llega un camión de «El Intermedio» y los recicla para Wyoming.

Además, obligo a los guionistas a comer en un restaurante donde sé seguro que reciclan. Por lo menos el aceite. Tienen una placa al lado de la freidora donde pone: «Este mismo aceite frió unas patatas al General Prim.»

También hay gente que dice ser ecologista, pero sólo de boquilla, como el Salva, un amigo: «Ey, tío, ¡hay que salvar las plantas!» Y tú dices: «Pues tú no eres el más apropiado, que las estás incinerando. Empieza por no fumártelas.» Aunque la mayoría se lo toma muy en serio, como los veganos, que sólo comen vegetales y cosas que crecen directamente del suelo. Una vez vi a uno mordiendo un semáforo. Como también sale del suelo... Yo le dije: «¿Pero qué haces?» Y él: «Pues no sabes la de hierro que tiene.» Me pareció excéntrico pero, claro, cuando no consumes proteínas se te va la cabeza.

Los vegetarianos son otro mundo. Te intentan convencer de que son felices: «No, si podemos comer lo mismo que tú.» Que dices: «Ah, ¿sí? ¿Y una hamburguesa?» Y contestan entusiastas: «Claro. hamburguesa de tofu.» ¿Tofu? ¿Qué es el «tofu»? ¿Una planta con forma de hamburguesa? Eso es señal de que no son felices comiendo acelgas, porque tienen que disfrazarlas de carne. Es como si yo me hiciera una zanahoria de churrasco.

Yo tuve una novia muy ecologista. Para ahorrar agua, pasaba de lavarse olímpicamente: lo hacía cada cuatro años. «No quiero gastar agua, porque la Tierra lo está pasando mal.» Le dije: «Yo también»; y ella: «Claro, porque formas parte de la Tierra.» «Sí, claro, yo formo parte de la Tierra y tú formas parte del abono.»

Una vez se encadenó a un árbol centenario para que no lo cortaran. No salió bien. A la mañana siguiente tuve que ir a buscarla a Ikea. Estaba encadenada a una estantería Hasnrföl.

Hay gente que se abraza a los árboles. Para notar su energía. Porque son seres vivos.

La suerte que tienen es que son seres vivos pero mudos. Si pudieran hablar dirían: «Señora, déjeme, que no nos conocemos tanto; además, un perro acaba de aliviarse justo donde tiene la mejilla.»

Y es que el ecologismo es como un preservativo roto. En ese momento jode, pero garantiza las futuras generaciones.

EMITIDO EL 14 DE MAYO DE 2009

MUSEO

Este fin de semana ha habido fiesta loca en España porque el sábado se celebró el Día Internacional de los Museos. Qué fiestón, no he dormido. ¿Cómo es una fiesta de amantes de los museos? ¿La gente grita por la calle: «Velázquez, mamón, pinta un bodegón»? Si hay disturbios, ¿intervienen los mossos d'esquadra, te dejan con la cara abstracta y te vas como Rossy de Palma?

No, ahora en serio. La fiesta consistió en que los museos abrieron sus puertas gratuitamente. Todo el mundo se metió en el Thyssen-Bornemisza porque tiene nombre de discoteca. «Esta noche, en Thyssen-Bornemisza, DJ Tita. Los mejores frescos de Madrid.»

Lo más fascinante de los museos son los vigilantes, unas personas estratégicamente repartidas que no hacen nada, simplemente están allí. Que a veces te dicen: «No se pueden hacer fotos» y tú piensas: «Qué lástima, porque te haría una a ti.»

Son hombres que llevan veinte años viendo la misma naturaleza muerta. Que cuando él llego aún estaba viva. Eso sí, tienen un sistema de seguridad de última tecnología para que no te acerques a los cuadros: un cordón de terciopelo.

Es un cordón mágico. Nadie lo puede cruzar. Florentino ha prometido poner uno en la portería de Casillas.

El problema es que, cuando voy a un museo, nunca sé cuándo dejar de mirar un cuadro. Yo llego: «Vale, *El caballero de la mano en el pecho*. El caballero, la mano y el pecho. Visto.» Pero ves que la gente todavía lo está mirando y no quieres quedar como un inculto.

¿Qué miran? ¿Está Wally, en el cuadro? A lo mejor es como aquellos dibujos en los que después de un rato sale una figura en 3D. Al final lo miras tanto rato que se te queda grabado. Luego por la noche, en la cama, apagas la luz y ves a ese señor. Y piensas: «Joder, se ha quedado en mis retinas para siempre.»

Mi peor decepción, fuera de una cama, fue el día en que vi la *Mona Lisa.* Dos horas de cola para ver un cuadro de cincuenta centímetros. ¿Qué pasa? ¿Que Leonardo pintaba cuadros para el DNI? Coño, Leonardo, ¡que es un cuadro histórico! Hazlo dos palmos más grande. ¿No te hacen descuento los de Titanlux?

Actualmente, antes de salir de cualquier museo hay que pasar por la tienda. Puedes tener los *Girasoles* de Van Gogh en una taza. Que yo me compré una y cada mañana cuando desayuno tengo a ocho chinos en casa haciendo fotos. Hay gente que disfruta más en la tienda que en el museo. «Mira, el *Guernika.*» «Ah, está bien.» «Mira, un imán de nevera del *Guernika.*» «¡Hostia, qué guapo! Nunca el arte fue tan magnético.»

Hay gente que tiene verdaderos museos en la nevera. Tengo un amigo, el Palacios, que se ha instalado un cordón de terciopelo alrededor del frigorífico; para coger una cerveza te tienes que descolgar del techo como en *Misión imposible.*

Por cierto: a un museo hay que ir con educación. No digáis muy alto eso de «esto lo haría mi sobrino de cinco años». Pues que lo haga, si tan listo es. Tampoco podemos ir pintando bigotes a los cuadros, por divertido que sea. Porque un museo es como una playa nudista: vas a mirar, pero si tocas algo, probablemente acabes en la cárcel.

EMITIDO EL 18 DE MAYO DE 2009

DRÁCULA

El Gobierno de Rumanía ha devuelto el castillo de Drácula a sus descendientes. Hay mucha gente que no cree en este mito. No me refiero a Drácula, sino a que un Gobierno devuelva algo. Dicen que los gobiernos sólo hacen buenos actos las noches de luna llena y de campaña electoral.

El castillo en cuestión es un pedazo de casa. Y con la de habitaciones que tendrá, y el tío dormía en un ataúd. «No, es para que no me dé la luz del sol.» Pon persianas, que eres conde y te lo puedes permitir, *agarrao*.

A mí el mito de Drácula me fascina. Un señor elegantísimo, que no envejece y con unos dientes enormes. Es el Jordi Hurtado del mal. Que yo tengo una duda: ¿cómo se arreglaba tan bien Drácula si no se veía reflejado en los espejos? A lo mejor vivía con su madre, y se lo decía ella: «¿Cómo vas a hacer el mal con esas pintas? Anda, métete la capa por dentro del pantalón que vas a coger frío.»

Que yo no sé por qué da tanto miedo Drácula. Como monstruo es un fraude. Imaginen que les viene un tío esmirriado diciendo con voz tenebrosa: «Soy Drááaculaaaa, y soy inmortaaaaaal... Bueno, inmortal, siempre y cuando no me enseñes un ajo. Pero por lo demás soy la leche... Ah, y ¿podrías guardar el crucifijo? Es que eso me mata un poco, también. Y si acaso, corre las cortinas que si no me desintegro. Mira, ¿te puedes ir mordiendo tú y te remato mañana por la noche?»

En realidad Drácula debió de pasarlo bastante mal. ¿A qué se puede dedicar un tío que sólo sale de noche y le encanta la sangre? Al menos, si existiera ahora, podría ser portero de discoteca.

Yo creo que los vampiros atraen porque a la gente, en el fondo, le gusta pasar miedo. Mira si no las audiencias de la COPE. ¿Cómo se explican eso? O los túneles del terror. Me refiero a la atracción de las ferias, no a la M-30 en hora punta. En el túnel del terror, la gente paga para que la asusten. Se ve que ahora están cambiando algunas escenas; antes venía un monstruo con una sierra mecánica y ahora están poniendo a un empleado de banca con la letra de una hipoteca, que acojona más. «¡Uuuuuuuh!»

Lo que es muy importante para dar miedo es tener una risa malvada. Por ejemplo: «¡Te voy a mataaaaar... Mua-ha-ha-ha!» ¿Ven? Cuanto más larga mcjor, como si no tuvieras prisa y no tuvieras nada más que hacer. Esa risa transmite maldad. Si no tienes una risa potente, no es lo mismo: no puedes decir: «Te voy a mataaaaaaar» y soltar una carcajada a lo Risitas.

Otro tema son los fantasmas, que se instalan en tu casa y no pagan alquiler. Son como *okupas*, pero sin mallas y sin perro. Su máximo poder para dar miedo es cambiar las cosas de sitio. ¡Uuuuuuh, qué miedo! Hombre, por Dios, que eso también lo hace mi madre cuando viene a casa los domingos. Que luego van a las reuniones de monstruos y dice un zombi: «Pues hoy me he comido tres cerebros. ¿Y tú, fantasma?» «Yo... he girado una figurita de Lladró... Se han cagado vivos.»

Espero que algún día aparezca un fantasma que se rebele y, en vez de desordenar, te monte una estantería de Ikea; ése sí que será un monstruo.

EMITIDO EL 19 DE MAYO DE 2009

LOCALES NOCTURNOS

Hoy nos hemos despertado con una noticia terrible: los locales nocturnos de Cataluña podrían ir a la huelga.

Ha tenido que venir un equipo de psicólogos para darle la noticia a Joan Eloi.

Los empresarios del ocio piden a la Generalitat que les dejen abrir hasta más tarde. Lo primero que ha dicho Montilla es: «¿Qué significa "ocio"?» «*President*, aquello de pasarlo bien.» «¿Pasarlo bien? ¿Qué significa pasarlo bien?» Claro, la imagen de diversión para Montilla es poner confeti en los peajes.

Esto con otros políticos no pasaría. A Berlusconi, por ejemplo, le da igual a qué hora cierren los bares. Lo que le interesa es saber a qué hora abre el chiquipark.

Los propietarios de los bares dicen que con la crisis están perdiendo dinero, y por eso quieren abrir más horas. Aquí, la verdadera noticia es que un español se ofrezca para trabajar más. Esto es algo inaudito. De hecho, Nostradamus lo predijo, como señal del Apocalipsis: «Sucederán cosas siniestras, como que un español pida hacer horas extras.»

Es que es un rollo que te echen de un local justo en el mejor momento de la noche: cuando estás en ese estado en el que te puedes comparar al Barça de Guardiola, con dos copas y camino de la tercera. Estás bien, a gusto, has ganado seguridad (efímera, sí, pero seguridad), y de entre el humo sale un tío con una bayeta que te dice: «Estamos cerrando, ¿eh?» «¿Que estás cerrando? Pues déjame las llaves.» Es una cortada de rollo.

Por cierto, ¿se imaginan a Guardiola de fiesta? Seguro que tiene a tres pibones al lado, y él, tan prudente: «Bueno, hasta que lleguemos a casa no quiero cantar victoria... Son tres contra uno...» El tío no celebra nada hasta que está muy seguro.

Yo también creo que hay que abrir los bares más horas, porque a más tiempo, más posibilidades tenemos los feos de ligar. A altas horas todos nos convertimos en... el dandi carroñero: «El dandi carroñero aguarda agazapado en la barra hasta que aparece una hembra herida por la indiferencia de los otros machos.» La duquesa de Alba se echó novio porque aguantó en una discoteca hasta las diez de la mañana. Estaba ella, en medio de la pista, bailando la *Gasolina*: «Daamee maaaás gasoliiiinaaaa.»

Hay otras formas de ligar en un bar de copas. Por ejemplo, puedes dejar tu número de teléfono en la puerta de los lavabos. ¿Se han fijado? Hay gente que pone: «Soy guapo y fiestero. Llámame.» Que piensas: «Ah, seguro, ¿por qué iba a mentir?» No vas a poner: «Soy un tío gris... Feúcho... Poco pelo en la cabeza, mucho en la espalda... Mira, es igual, no me llames.» Aunque ahora, con la crisis, la gente deja otro tipo de mensajes. El otro día vi uno que dejaba su currículum: «Tornero fresador. Busco trabajo y lo que surja.»

Hay diferentes formas de promocionar un bar de copas. Una muy buena es llevar a gente famosa. Dile famosa, dile ex concursantes de «Gran Hermano». «Hoy, en Fantasy, ¡Conchi, de "Gran Hermano 9"!» Que yo creo que se los inventan. Sólo hay unas personas más olvidadas que los ex concursantes de «Gran Hermano»: los candidatos a las elecciones europeas.

Aunque si lo que quieres es que tu local de copas triunfe, tienes que contratar camareras guapas. Pobres chicas, les pagan tan poco que no tienen ni para ropa. Y los camareros igual. Con el torso desnudo pero con pajarita. Qué clase. Creo que Camps quiere copiar este vestuario. Seguro que así nadie le pregunta por los trajes.

EMITIDO EL 25 DE MAYO DE 2009

SABER PERDER

En el último Roland Garros, Rafa Nadal cayó derrotado en los octavos de final. Es la cosa más triste que ha pasado en el deporte español desde David Meca. Los únicos puntos que se llevó Rafa Nadal fueron los puntos Iberia Plus cuando volvía a casa. Dicen que se vino con las manos vacías, pero no es cierto: llevaba la goma de los calzoncillos, que se la arrancó de la rabia.

El mallorquín está un poco mosca porque el público francés hacía la ola cuando él perdía un punto. Es lo que tiene que ningún francés gane el Roland Garros desde hace siglos: tienen que distraerse de alguna manera.

La gente que pierde dice que en el fondo lo importante es participar. Sí, claro. ¿Para qué ganar la lotería, pudiendo participar? Yo no he visto a nadie celebrando el haber participado. «Participooooones, participooones, oé oé oé!» Bueno, en las elecciones europeas igual sí que lo celebran. «¡Oh! ¡Ha votado uno! ¡Ha participado alguien!»

Los que siempre ganan son los políticos. Nunca verás a un político reconocer que ha perdido. «Presidente, hemos perdido dos millones de puestos de trabajo.» Y él: «Bueno, perdido... ¿Has mirado en su sitio?» No saben perder. Dicen que el presidente hace poco hizo como en el anuncio del Scatergories: «O aceptáis avión militar como transporte público o me llevo el Congreso.»

La que no ha ganado es Susan Boyle. ¿Saben quién es, no? Es esta señora que sale de un programa británico, tipo «Operación

Triunfo». Se ha hecho muy famosa por cantar muy bien, y por tener un físico... diferente, diferente tirando a fea. Puede que la recuerden por su papel en *Los cazafantasmas.*

Todo el mundo la daba por ganadora, pero al final perdió. Es la segunda cosa que pierde después del número de su esteticista. Dicen que empezó a gritar y a tirar vasos de agua a la gente. Tuvo el efecto «pecho Obregón», explotó por culpa de la presión.

Es que pobre chica. Que la prensa la llamaba «el ángel peludo». Parece un malo de Batman. *Batman contra el ángel peludo.* Suerte que participó en «OT». ¿Se la imaginan en «Supervivientes»... en bikini?

El que sí ha ganado es Florentino Pérez. Bueno, ganar... Que no se presentaba nadie más. Así gana hasta Soraya. Supongo. ¿Y si se presenta él solo y pierde? La derrota máxima es presentarte tú solo a una elección y perder. «No, mire, señor Florentino, hemos preferido poner a este ficus al mando del equipo.» Y Florentino: «Ah, ¿al final os quedáis con Boluda?»

EMITIDO EL 1 DE JUNIO DE 2009

REAL MADRID

El Real Madrid ya tiene nuevo presidente: Florentino Pérez. Era el único candidato. Nadie más quería asumir el marrón.

Lo primero que ha dicho Florentino, Flo para los amigos, es que tiene ganas de modernizar el club. Y para eso se llevó a Di Stéfano al acto de presentación. Di Stéfano, la imagen de la modernidad. Lleva un bastón con MP3.

¡Hombre, Flo! Eso ya es empezar mal. Si quieres modernidad, no pongas a Di Stéfano, que cuando él empezó a jugar, una de las animadoras era la duquesa de Alba. Que había que verla, con los pompones y gritando dame una de, dame una i, que uno le dijo: «Pero si usted ya tiene de todo», y ella: «Vale, vale, era por animar.»

Flo, pon algo más de hoy: no sé, el clip de Windows, que además te da consejos: «Parece que está intentando fichar a Kaká, ¿necesita que le recalifique la ciudad deportiva?»

Florentino también dijo que el Madrid debe ser una institución de comportamientos impecables dentro y fuera del campo. Los prostíbulos de la capital ya están temblando. Hubo una época en la que los clubs tenían posturas sexuales que llevaban el nombre de jugadores madridistas como homenaje. Tú pedías «un Beckham» y te daban una muñeca hinchable. O «un Figo», que era empezar con una y acabar con otra. A mí me lo han contado, yo no he ido nunca.

Florentino también ha insistido en el concepto «ética». Retengan esto: ética. Y ahora hablemos de uno de los fichajes: Cristiano

Ronaldo. El día de la final de la Champions, repartió ética por todo el campo, sobre todo con los codos.

Florentino Pérez ya fue presidente hace unos años. Es como si ahora volviera Aznar. Cuidado con esto. No pronuncien su nombre delante del espejo cinco veces, que dicen que se aparece. Por cierto, ¿recuerdan que hace un tiempo hubo el rumor de que Aznar podría presentarse a presidente del Madrid? Pero al final resultó ser mentira, como lo de que era de centro.

Al menos, parece que el nuevo presidente tiene un proyecto. De momento, se ha confirmado el fichaje de Pellegrini como entrenador. Se acordaran de él porque María del Monte le dedicó una canción: «Yo iba de *pelegrini* y me recomendóoo *Valdanooooo*.»

No sabemos si Pellegrini copiará a Guardiola en esto de pasar videos de romanos para motivar a los jugadores. Lo saben, ¿no? Antes de la final de Roma, Guardiola les pasó a los jugadores unas imágenes suyas mezcladas con unas de la película *Gladiator*, que es aquella donde no actúa Russell Crowe. Sale, pero no se puede decir que actúe, que le preguntaron en quién se había inspirado y dijo que en Montilla. Hay quien dice que el Madrid hacía lo mismo la temporada pasada con *Titanic*.

El que ha vuelto es Valdano. Lo primero que ha hecho es fichar a Zidane como asesor, que para el fútbol tiene mucha «cabeza» como demostró en el último mundial. Se prevé que en la nueva directiva habrá más cargos que en la ficha judicial de Berlusconi.

Yo, como culé, espero sinceramente que el Real Madrid se recupere. Será bueno para el fútbol y al fin y al cabo es una gran institución. En nombre de los barcelonistas, mucha suerte en esta nueva etapa. Os esperamos esta temporada. Nos reconoceréis porque somos los que vamos con tres copas de más.

EMITIDO EL 2 DE JUNIO DE 2009

AMIGOS

Según un estudio, la vida media de la amistad es de siete años. Ésta es una mala noticia porque cada vez cuesta más hacer amigos. Cuando eres pequeño es mucho más fácil. «Hola, ¿cómo te llamas? ¿Quieres ser mi mejor amigo?» «Vale.» Esto es lo que pasa aquí, porque en Italia por ejemplo, si eres menor de edad, la conversación sería: «¿Quiere ser mi mejor amiga?» «Vale, señor Berlusconi.»

Por cierto, ¿saben la última de Berlusconi? Dice que es Superman. Así, como lo oyen. Superman. Supongo que es para justificarse cuando lo pillan con los calzoncillos por fuera del pantalón.

Como decía, de mayor es más difícil hacer amigos, porque tienes obligaciones. Mira la familia Real. El Príncipe tuvo que buscar pareja a través de un programa de televisión. ¿Y el Rey? ¿A qué gente nueva puede conocer el Rey? Aparte de una nueva camada de nietos. No me imagino a Su Majestad yendo a Pachá: «Hola, ¿estudias o aquello otro que hacéis?»

Parece mentira que la amistad tenga fecha de caducidad. Porque parece algo irrompible. Mira a Rajoy y a Camps. Se han pasado la campaña exhibiendo su amistad. Son tan amigos que hasta se intercambian la ropa.

Hablando del PP. Qué pollo se ha montado con los 51 escoltas de Aznar. ¿Cómo puede ir por la vida con 51 escoltas? Que no queda claro si lo protegen a él de la gente, o a nosotros de él.

Ahora puedes recuperar a tus antiguos amigos a través del Facebook. Yo he contactado con Antoñito, un niño del colegio que me pegaba. El otro día quedamos para recordar los viejos tiempos. Me dijo: «Antoñito te ha agregado un puñetazo.» Volvió a pegarme.

Ahora que hablo del Facebook. Un saludo a mis cinco mil amigos del Facebook. Un día tenemos que hacer una cena. Podemos ir a un chino, que siempre hay sitio. Un día lo quiero hacer, quiero llegar a un restaurante chino con cinco mil personas y cuando me pregunte: «¿Cuántos son?», soltarle: «Somos cinco mil.» Aunque ya me veo al chino: «Ok, síganme», seguro que ni se inmuta. Y todos los patos Pekín temblando.

Según cómo, la amistad está sobrevalorada. Lo dice David Trueba en *Cuatro amigos*: «La amistad y las pollas largas están sobrevaloradas.» Yo, cuando escuchaba a Roberto Carlos cantando «yo quiero tener un millón de amigos, y así más fuerte poder cantar», pensaba: «¿Un millón de amigos? Vaya marrón.» Un millón de amigos te sale a dos mil setecientos regalos de cumpleaños al día. Cómo se nota que Roberto Carlos no era catalán.

Dicen que un amigo es aquel que nunca te miente. Pero no sé si eso es cierto. Por ejemplo, ¿Ágatha Ruiz de la Prada no tiene amigos que le digan la verdad? ¿O sólo tiene amigos daltónicos?

Lo bonito es cuando nace una amistad. Como Cuatro con la Sexta. Sí. Estamos en un momento dulce. Nos hemos puesto tontorrones. Ayer estuve hablando un rato con Gabilondo y, curiosamente, hoy las dos cadenas han dado el primer paso para fusionarse. Se han puesto de acuerdo con los derechos del fútbol. Esto significa que unos cuantos abogados se han ido al paro. Parece que ya nada impide la fusión. Yo creo que mañana lo primero que hará Jaume Roures cuando se levante es agregar a su Facebook a Trancas y Barrancas.

EMITIDO EL 4 DE JUNIO DE 2009

IR A VOTAR

Alguien fue a votar en las últimas elecciones europeas? Ah, fuisteis vosotros. Qué valientes. Hubo un 54 por ciento de abstención. Primera conclusión: Europa nos la suda. Y esto hay que solucionarlo. Para conseguir más participación, habría que hacer promociones, como en los supermercados: «Si votas en este colegio, el segundo voto te sale gratis.» O poner gogós en las mesas electorales: «Venga, machote, ejerce tu derecho. Mete la... papeleta. Y no te equivoques de urna.»

Eso sí que sería una fiesta de la democracia. Porque los telediarios lo llaman así. Y es verdad, vaya fiestorrón. La gente iba por la calle haciendo la conga: «la conga del votante». Y en los colegios, una fiesta... Ponían *reggaeton*: «Me gusta la democracia, dame más democracia.»

A mí lo que me jode es que cuando hay baja participación, ponen excusas tontas. Oh, es que hacía buen día y la gente se fue a la playa. Coño, pues pon ahí los colegios. Pon urnas hinchables al lado del chiringuito. «¡Kevin, no votes hasta que hayas hecho la digestión!» Y un vendedor ambulante: «Hay fanta, coca-cola, *beer,* papeletas.» Aunque si te ofrecen papeletas en la playa igual son de las otras, ¿no?

Además, votar no cuesta tanto. Se puede hacer por correo ordinario. Curioso nombre: correo ordinario. Yo siempre me he imaginado al cartero del correo ordinario rascándose los huevos: «Hola, soy el cartero, le traigo una carta», y soltando un eructo.

Por cierto, votar por correo tiene sus normas. No puedes hacer como mi mánager, Manel, que votó por postal: «Voto por Rajoy y Benidorm es muy bonito pero no hay tantos viejos como dicen.» No.

Eso sí. Tendríamos que poder votar por SMS: «vto a Zptro. Paqui te quiero mucho.» ¿Os habéis fijado que siempre que alguien escribe un sms acaba con «Paqui te quiero mucho»? Al menos en la tele. ¿Quién es esa Paqui a la que todos quieren tanto? Debe de ser una bellísima persona. Que se presente a las europeas. A lo mejor así la gente va a votar. «*Paqui For President.*» O «*Yes, We Pac*».

Yo confieso que ir a votar me divierte mucho. Sobre todo cuando leo las papeletas de los partidos raros. Este año estaba el clásico Partido del Cannabis; sus papeletas venían enrolladas. Pero a mí el que me ha roto este año ha sido el Partido Pirata. Sí, existe. Y no es el de Berlusconi. Es un partido sueco. Como el Ikea. Y lo mejor es que han ganado un escaño. Eso sí, se lo tendrán que montar ellos con una llave Allen.

Por cierto, una mesa electoral ¿no les recuerda al jurado de «Operación Triunfo?». A mí me pasa. Yo tengo la sensación de que van a juzgar mi estilo, rollo Risto: «Tu voto no es un producto. Has votado sin estilo, sin personalidad. Tú no has votado en blanco, tú has votado en gris. Pero cruza la pasarela, sigues en la democracia.» Y tú: «Gracias por este sueño.» Y te vas a tu casa chocando las manos con las viejas de tu barrio.

Por cierto, lo más preocupante de estas elecciones es que he visto a pocas monjas votando. ¿Sabéis que los medios de comunicación están obsesionados en sacar monjas votando los días de elecciones? Pues este año ha ido flojo de monjas. Igual se han cansado de que las saquen y se han disfrazado. No sé de qué se puede disfrazar una monja sin quitarse el hábito. Como no sea de Batman... Con quitarse el hábito quiero decir quitarse el uniforme, no dejar de fumar.

Otra cosa que siempre sale es que sellan la cerradura del colegio electoral con silicona. Como se entere Carmen de Mairena... Un día la veremos con los morros enganchados a la puerta de un colegio electoral. Que es la típica a la que tú le preguntas si ha ido a votar y te dice: «¿Quieres ver algo que sí que bota?»

En fin, que se va para Europa Mayor Oreja (en inglés, *Bigest Ear*, y en italiano, *il Gran Pepperoni*. Aunque el mayor oreja de Europa seguirá siendo siempre el príncipe Carlos.

EMITIDO EL 8 DE JUNIO DE 2009

COMIDA A DOMICILIO

Este año, la pizza margarita cumple ciento veinte años. De todas las efemérides tontas, me he quedado con ésta. La primera constancia que se tiene de ella es en el menú de la comunión de la duquesa dc Alba.

La primera pizza margarita estaba basada en los colores de la bandera de Italia, esto es verdad. El verde era la albahaca; el blanco, la mozzarella, y el rojo, el tomate. Era una pizza muy italiana. Que mientras tú ibas al baño, se ligaba a tu novia.

Suerte que la pizza se inspiró en la bandera italiana. Imaginen que se hubiera inventado en España. ¿Qué llevaría? Gazpacho, paella, gazpacho. O en Francia. Claro, rojo, tomate. Blanco, mozzarella. Pero ¿y azul? ¿Qué pones azul? ¿Un pitufo? ¿De dónde sacas un pitufo francés? ¿Coges a Sarkozy?

El tío que inventó la pizza se llamaba... eeeeeh... Juan Antonio Pizza... los tenía como dos calzone. Que sólo cogió un trozo de pan y se sentó encima. Se ve que todo lo hacía igual. Cogió un filete, se sentó encima y creó el carpaccio. Cogió un trozo de queso, se sentó encima: los tranchetes. Cogió un gato, se sentó encima: el pelo de Bono.

El ingrediente estrella de una pizza es el queso. Dile queso, dile chicle. Yo he llegado a hacer burbujas de mozzarella. Se estira mucho. Que coges una porción y tienes que ir andando hacia atrás conforme se alarga el queso. Yo una vez pedí una pizza en Barcelona y me la comí en Valencia. Y porque cortó el queso un peaje.

Lo curioso de un alimento tan simple es que sea tan complicado de pedir, sobre todo a domicilio. Llamas y te contesta una voz ininteligible: «Bienvenido... mfmmmmpizza... mfmfmff desea?» «Deseo que vocalice, por favor.»

Y si les entiendes es peor, porque las ofertas tienen más condiciones que la financiación autonómica: «Le regalamos el segundo ingrediente de la tercera pizza masa fina excepto local y recoger y tres bebidas siempre que utilice el cupón descuento del último pedido de abril. ¿Le interesa?» «Deje que me lo piense y en septiembre le digo algo.»

Es tan difícil entender las ofertas, que la última vez que Punset pidió una pizza, se le quedó el pelo liso.

Por cierto, ¿por qué siempre regalan trufas con las pizzas? ¿Y por qué no las queremos? Creo que es porque te las regalan con desgana.

Otra cosa que no se entiende del mundo de la pizza son sus nombres. La cuatro estaciones. ¿Quién le puso este nombre, Vivaldi? «No, es que se llama así porque tiene cuatro ingredientes.» Muy bien, ¿cuál es el otoño? ¿El jamón?

O la pizza caprichosa: «Jooo, ¡yo quiero llevar piñaaaa!» Que ésa es otra: la piña es a la pizza lo que el pepinillo a la hamburguesa. O lo que Angela Merkel a un calendario sexy: sobra.

EMITIDO EL 16 DE JUNIO DE 2009

PROFESORES

Según un estudio, los profesores españoles dedican un 16 por ciento del tiempo de clase a mandar callar a los alumnos. O sea, de cada diez palabras, una y media son para dar un toque de atención. Esto sería: «En un lugar de la Mancha de cuyo... ¡Kevin! ¡Sssh!»

Supongo que cada profesor pide silencio según la asignatura que imparte. Por ejemplo, si dan filosofía dicen: «Callas, luego apruebas.» Uno de música te lo dirá cantando: «Ni una sola palaaabraaa, ni gestos ni miradaaas», bueno, a uno de música no sé si le gusta Paulina Rubio. Y si es el de inglés: «*Please can you... please... eeeh... close the pic.*»

Dicen los profesores que hay un problema de «mal comportamiento en las aulas». Los niños están muy revueltos. Casi casi a punto de nieve. Antes sólo había un malo de la clase, normalmente el repetidor. Lo reconocías porque le envolvía un halo de misterio. Bueno, en realidad era el humo del tabaco. Pero es que ahora todos son gamberros. De hecho, a la clase de las ardillas la llaman la clase de «los vaquillas».

Ser profesor no debe de ser fácil. El otro día unos hombres tenían un debate sobre si era más difícil ser piloto de combate o profesor. Ganó el profesor. Hasta que uno dijo: «Pues yo soy contable del Real Madrid.» Y todos aplaudieron con admiración. ¿Tú te imaginas ser contable del Real Madrid? Cada vez que ves a Florentino te acojonas.

Para ser profesor tienes que dominar las tres frases básicas que te sacarán de cualquier apuro: «Dilo en voz alta, que nos riamos todos», que es lo que le dijo Zapatero a Montilla cuando le llevó el Estatut; «No me engañáis a mí, os engañáis a vosotros», que es lo que le dicen a la gente con peluquín; y «No nos vamos a casa hasta que salga el culpable», que es lo que dice cada día Rajoy en la sede del PP de Madrid.

Cuando los profesores ya no saben qué hacer, optan por un método muy didáctico: ponerles una peli a los niños y salir a fumar. Si están muy pesados, recurren a una peli de Garci, pero sólo en dosis de veinte segundos, porque entera podría dormirlos para siempre.

Por cierto, hablando de películas y de niños: este año es el 45 aniversario de *Mary Poppins*. Una peli de terror. Sí, de terror: ¿tú dejarías a tus hijos con una señora vestida de negro que viene volando con un paraguas y que puede mover las cosas con la mente? No se me ocurre una niñera peor, aparte de Berlusconi.

En mi colegio había dos grandes misterios. Uno: si Marta llevaba relleno... porque aquello no era normal, hasta que un día el repetidor se las tocó y nos aclaró que no llevaba y aquí acabó el debate. La chica no supo qué decir, no sabía si pegarle una hostia o abrazarle, y ahora son pareja y se han casado. Y misterio número dos: qué se escondía tras la puerta de la sala de profesores. Mira que el nombre no podía dejarlo más claro: «sala de profesores». Pero aun así especulábamos. ¿Cómo estará decorada? ¿Con fotos de sus ídolos? Grandes maestros de la historia: Yoda, el señor Miyagui, Manu Guix...

Yo hace mucho que no voy a clase, pero suerte que están las series de televisión que reflejan fielmente las aulas españolas. Esos actores de treinta años haciendo de adolescentes: «¡Jo, tía! ¡Tengo un marrón!» ¿Cuál? ¿La hipoteca? Luego entiendes el marrón, porque en un mismo instituto hay asesinatos, drogas, peleas, prostitución... Vamos, que en ese instituto tienes para dos temporadas de «Callejeros».

Quiero acabar con un mensaje de ánimo a los profesores. Cuando penséis que gastar un 16 por ciento de vuestra jornada en pedir silencio es mucho, recordad los tres meses de vacaciones que tenéis. Que durante esos tres meses los únicos gritos que vais a oír serán: «¡Kevin, a lo hondo no!»

EMITIDO EL 17 DE JUNIO DE 2009

HURTOS

Con la crisis han aumentado los pequeños hurtos. No sabemos las cifras exactas porque al que estaba haciendo la encuesta le robaron la libreta.

Este aumento se nota porque los pequeños comercios han puesto más espejos de aquellos redondos, para vigilar. Al principio pensaba que era para que nadie se chocara en los cruces. Poca broma, que algunos van muy deprisa. Dicen que Fernando Alonso va al súper a retar a señoras mayores en la recta de los congelados. A ver si así gana algo.

¿Quién no ha robado alguna vez en una tienda? Sobre todo de joven. A mí siempre me pillaban. No sé disimular. Yo cogía un paquete de chicles, me lo ponía en el bolsillo, e iba hacia la caja andando de puntillas, encorvado, y la cajera: «¿Tarjeta cliente?» Y yo: «¿Qué chicles? ¿Qué chicles?»

Por un paquete de chicles me ponía más nervioso que el profesor de autoescuela de Farruquito. Yo creo que si alguna vez robo un collar de diamantes, me detendrán una semana antes de pensarlo.

Así empezó Ana Torroja. ¿Se han enterado? La acusan de fraude fiscal. Seiscientos cincuenta y cinco mil euros y cuarenta céntimos; por los céntimos la han pillado. Cuando se ha sabido, se ha quedado como su apellido: To-rroja. Además se ha negado a declarar ante el juez, le ha dicho: «Hoy no me puedo levantar.» A lo mejor tiene el dinero en Hawái y Bombay, que son dos paraísos... fiscales.

Es curioso porque, aunque te pillen in fraganti, siempre inventas una excusa; es el instinto de supervivencia animal, tienes que salir del paso como sea. «No, señora, los Ferrero Rocher en los calzoncillos los traía de casa. Es que le quería dar una sorpresa a mi novia.»

También es un clásico robar las toallas y los albornoces en los hoteles. «No se notará», dice el listo que va contigo en el viaje. Luego salta el más listo: «No, si eso ya lo ponen en la cuenta, ya cuentan con que los vas a robar.» Pues róbalos tú, capullo, y que los pongan en tu cuenta luego. Es un bochorno cuando llegas a la recepción y la recepcionista te dice: «Perdón, caballero, un momento, ¿nos puede abrir la bolsa?» Y tú: «¡Nooo!» «¿Pero dónde va con la tele, el minibar y el galán de noche electrónico que no usa nadie?» Y tú: «No, como ustedes ya cuentan con que los vamos a robar.»

Y no os ha pasado nunca que estás en un hotel, cierras la puerta de tu habitación, y mientras vas por el pasillo dices: «Mira, el carrito reponedor», y sigues andando hacia el ascensor. Pero hay un cabrón en ti que hace que te gires a mirar otra vez el carro reponedor: «Si cojo un jaboncito de mierda no se va a notar, que hay una caja con veinte mil.» Vuelves, toses mirando a lado y lado, coges el jabón y te vas corriendo.

Todo empieza el día que le abres el monedero a tu madre para coger unas monedas. Ahí no hay excusas. Si te pilla tu madre con su monedero abierto en la mano, estás perdido. Yo una vez probé suerte: «Es que te iba a coger el DNI para ampliar tu foto y hacerte un cuadro para tu cumpleaños.» Pero no coló. Yo creo que los del CSI se basaron en mi madre para crear al personaje de Grissom. Tenía sensores de movimiento en el monedero. Y la luz aquella azul la lleva incorporada en la propia retina. Que la dejabas en la otra punta de la casa, y cuando estabas abriendo el monedero con el mayor sigilo, la tenías a la espalda: «¿Qué haces?»

También hay robos que son involuntarios. Por ejemplo, los mecheros. Los mecheros, cuando nadie los mira, sacan sus patitas, salen de tu bolsillo y se meten en otros. Es lógico, ¿verdad? Pues mi novia no me creyó cuando me encontró un mechero de la sauna Lolitas. Al final lo arreglé diciendo que era de Joan.

Ah, y si se van de casa en verano, sigan los consejos que da la policía: dejen alguna luz encendida, pidan al vecino que les vacíe el correo... Y una medida infalible que pueden poner en práctica este verano: peguen un extracto del banco con celo a la puerta. Igual les dan pena a los ladrones y en lugar de robarles les regalan una Thermomix.

EMITIDO EL 18 DE JUNIO DE 2009

TRABAJAR CON RESACA

Ssssssh! No hagan ruido, por favor. Es que anoche salí de verbena. Todos los petardos que se quedaron ayer sin explotar me están estallando en el cerebro. Tengo la cabeza que parece que estén grabando en ella «La Noria».

Además, a medida que pasan los años, el alcohol te sienta peor. Yo el otro día me comí un Mon Chéri y estuve tres días en cama. Porque superar la resaca es como ligar con Berlusconi: cuanto más joven eres, menos te cuesta.

La resaca tiene nombre de plato griego, seguro que lleva yogur. Pero en realidad es una costumbre muy española. Aunque no aparece en los folletos turísticos. Ahí siempre sale lo bueno, y no las consecuencias. Siempre se dice: «Sangría, sol y tapas», pero nadie dice: «Resaca, quemaduras de segundo grado y salmonela.»

Por cierto, que he leído que el turismo en España ha bajado un 12 por ciento en lo que va de año. Una muy mala noticia para los fabricantes de sombreros mexicanos, especialmente en Barcelona. Uno de los misterios todavía sin resolver en Cataluña es: ¿por qué venden sombreros mexicanos? Y no uno, ¿eh? Cientos y cientos, que van encajando como muñecas rusas. No lo entiendo. Con la bajada del turismo tampoco se venden calcetines para chanclas. Está Mallorca irreconocible. El otro día estuve allí y vi a un mallorquín. En seguida se escondió, debajo de una ensaimada.

Pues, como os decía, la resaca es como Paris Hilton: todo el mundo se ha despertado con ella alguna vez. Lo peor es que todos te dan consejos para superar la resaca. Que si zumo de naranja, de tomate, huevos crudos... Yo una vez lo probé todo de golpe, y sí, se fue la resaca. Pero para dejarle sitio a la úlcera.

Mi remedio favorito es el de que «para la resaca, lo mejor es beber más alcohol». Sí, claro. Es como si sale mañana la ministra de Economía, Elena Salgado, diciendo que lo mejor para superar la crisis es irse de compras con Cristiano Ronaldo.

Pero es que todo el mundo está igual. Hoy, el Congreso de los Diputados era un poema. Unas caras... Bueno, Moratinos le ha dicho a De la Vega: «¡Anda, María Teresa! Ayer saliste hasta las mil, ¿eh? ¡Vaya cara de resaca llevas!» Y De la Vega: «Me quedé en casa.»

Al que también le dura aún la resaca es a Messi. La resaca de la celebración del triplete, ¿eh? Hubo un momento en que se bebió la colonia de Guardiola. De hecho, Messi es el diminutivo de Messimedio te va a durar la resaca, campeón.

Después de una noche de borrachera es bastante común tener lagunas de memoria. Te despiertas: «¿Qué hice anoche? ¿Me enrollé con Marta?» A mí me pasó. Que claro, luego ves a Marta y no se lo puedes preguntar. Queda feo. Puedes hacerlo disimuladamente: «Que levante la mano quien me besó anoche.» Lo peor fue que la mano la levantó Joan Eloi.

Otro síntoma de la resaca es la boca pastosa. Es como si te hubieras comido un polvorón rebozado en harina. Vas todo el día como rumiando, que pareces un camello. Yo he visto a albañiles de resaca usando su saliva para subir una pared. Cogían un ladrillo, lo lamían y lo colocaban. Dicen que el gobierno ya lo ha propuesto como medida para superar la crisis de la construcción.

EMITIDO EL 24 DE JUNIO DE 2009

PAPARAZZIS

El Tribunal Supremo, que es lo máximo que hay (como las Supremas de Móstoles, que van todos cantando «eres un enfermo, eres un enfermo»), le ha dado la razón a la revista *Interviú*, revista cultural, en la publicación de unas fotos en *top less* de la miss España María Reyes. La miss se ha quejado diciendo: «No hay derecho.» Y el juez le ha dicho: «Sí, sí que hay derecho. Derecho e izquierdo.»

La *senteta*... quiero decir, la sentencia... No sé en qué estaría pensando... Pido *pezón*.

La sentencia dice textualmente: «El personaje público que en lugar público se expone a mirada ajena asume que su imagen pueda ser captada y difundida sin su consentimiento aunque no le satisfaga el resultado.» Que dicho en cristiano significa: «Haberte tapado, muchacha.» Es que los jueces hablan raro. Esto quiere decir: «¿Tienes derecho a la intimidad?» «Sí.» «Pues tráelo, que lo pisoteo.»

A partir de ahora, las fotos robadas van a estar al orden del día. Yo esto ya lo viví en su día. Por cierto, que gané los dos juicios. En mi caso, la jueza estuvo de acuerdo en que lo de «personaje público» es una patraña para que las revistas ganen pasta con nuestra intimidad. Yo le dije a la jueza: «Señoría, con la venia, es que no entiendo qué interés público puede tener mi culo.» Aprovecho para lanzar un mensaje a los paparazzis: este año a ver si me podéis pillar ya de cara a septiembre, porque tendré el culo más moreno.

Y preparad la pasta que yo luego la mando a una ONG. Nunca creí que diría esto: «Con mi culo, ayudo a un montón de niños.»

Ponte en mi lugar, que cuando me preguntan: «¿Tú colaboras, Andreu?», tengo que contestar: «Sí, con el culo.»

Un saludo desde aquí a los paparazzis. Son unos tíos admirables, majos, simpáticos, amables, unos tíos de los que te puedes fiar, que van a muerte, unos tíos que van de cara, detrás de un seto, pero de cara. Han conseguido que les paguen por hacer lo que hacemos el resto gratis: pasar el verano en la playa mirando mujeres en *top less*. Lo que pasa es que los demás disimulamos. Que cuando la chica te pilla: «¿Y tú qué miras?», dices: «No, el mar.»

¿Se estudia una carrera para ser paparazzi? ¿O se suspenden todas las demás? ¿Qué asignaturas tendrá? «Estructura del posado.» «Teoría y práctica del descuido pezonil.» «Culos.» En esta yo soy profesor, la he dividido en tres partes: nalga, hucha y nalga II. Se dan casos en los que el culo y/o posadera es tan grande que la hucha se convierte en un aparcamiento de bicicletas. Es más, se han dado casos en los que uno llega a la playa, aparca la bici y oye: «Perdone pero es mi culo», y el otro: «Bueno, pues dígame lo que le debo.»

Que no todas las fotos que hacen salen a la luz. Algunas no se llegan a publicar nunca. Dicen que hay unas fotos guardadas en un cajón de una revista en las cuales se ve a Paquirrín leyendo un libro. Que llamaron a su madre y ella: «¡Ay, qué disgusto!» No las han publicado porque la gente pensaría que se lo han puesto con Photoshop.

Hablando de Photoshop. Últimamente, ¿no creéis que se pasan? El otro día vi unas fotos de Marujita Díaz y le habían quitado treinta años de encima. Aparentaba ochenta.

Yo creo que a los paparazzis tantas horas escondidos para hacer fotos les tienen que afectar en su vida diaria. Por ejemplo, haciendo las fotos de la comunión de su hijo. «Mamá, ¿dónde está papá?» «Se ha escondido para hacerte las fotos. Ya sabes que tu padre si no se esconde no hace bien su trabajo.» «¿Y dónde está?» «Si te fijas, sale el objetivo de la cámara por debajo de la sotana del padre Sebastián.» Y el niño: «Ah, ¿es el objetivo?»

Que los famosos se quejan mucho, pero a algunos les gusta más salir en las revistas que a Berlusconi una fiesta del Club Megatrix. Ejemplo: Paris Hilton.

Por cierto, ¿saben que Paris Hilton estuvo liada con Cristiano Ronaldo? Se iba a venir a vivir a Madrid y todo. Pues ahora ha declarado a un periódico que ya no está interesada en Ronaldo porque es un «mariquita». Feo, que eso no se dice... Que al ser el nuevo juguete de Florentino, supongo que será un «Mariquita Pérez».

Nos pongamos como nos pongamos, los paparazzis son necesarios porque generan muchos puestos de trabajo. Si no hubiera paparazzis, no habría programas del corazón. Que esto sería una tragedia, que este país no puede avanzar sin programas del corazón. Y si ya es duro estar en la cola del paro, imaginen hacer cola al lado de Lydia Lozano.

EMITIDO EL 25 DE JUNIO DE 2009

OPERACIÓN SALIDA

Una de las peores cosas de las vacaciones es que te pille la «operación salida». Que no tiene nada que ver con Paris Hilton, que está todo el año en la «operación conocer gente». El día de la operación salida, en las carreteras de Madrid hay colas de ciento veinte kilómetros. No se ve tanta gente sobre ruedas desde la última fiesta de cumpleaños de la duquesa de Alba.

Y claro, los radares muertos de asco, porque todo el mundo va muy despacio. Como en una procesión. Más de uno ha sacado la cabeza por la ventanilla y se ha puesto a cantar una saeta: «Ay, ese atascoooooo.»

Ves a los pobres radares allí, fumando: «Un día flojo, ¿no?» Para sacarles provecho, han habilitado los radares como cámaras de foto turísticas: no te viene multa, te viene un recuerdo de las vacaciones. Así al menos puedes enseñar alguna foto de las vacaciones: «Mira, éste soy yo en la M-30. Aquí, en la A-7, y ésta, adelantando a Fernando Alonso.» «Bah, ésta es la típica foto que se hace todo el mundo.»

Para evitar los atascos, en los informativos recomiendan salir de forma escalonada. Ah, muy bien, superfácil. Pues si eso, ya nos llamamos todos y quedamos. «Oye, ¿tú a qué hora vas a salir? ¿A las siete? Es que hay un señor de Cuenca que tenía pensado salir a esa hora.» En realidad sólo hay una forma de no pillar atascos y es ir dirección Portugal.

Los atascos son un bajón. Que te tiras todo el día nervioso e ilusionado: «¡Venga, que nos vamos, que nos vamos! ¡La maleta! ¿Lo llevamos todo: el bañador, los niños? ¡Venga, va! Todos al coche.» Y cuando ya están todos listos, el coche avanza medio metro: «Bueno, familia, hemos pillado un atasco.» Y la mujer: «Tendrías que haber salido antes.» Y él: «No es el momento de hablar de cómo te dejé embarazada.»

Claro, entre la tensión y el calor, los nervios están a flor de piel. Ir en un coche en julio es como ser guionista de «Física o química»: vas muy caliente. Se alcanzan unas temperaturas altísimas. Yo tenía un san Pancracio en el coche, y en un viaje a Benidorm se quedó en calzoncillos, del calor. En vez de señalar al frente, como hacen todos los san Pancracios, se tapaba la entrepierna. Que a pesar del calor sigue siendo un santo.

Ahora hay coches que vienen con DVD incorporado en el asiento de atrás para que los niños estén entretenidos. Para los niños, bien, pero si eres el conductor es muy duro ver que todos se ríen, y tú: «¿Qué ha pasado? ¿Qué ha pasado?» Y los niños: «Nada, que Hannah Montana se ha liado con Pocoyó.»

En mi época, para distraer a los niños tenías que tirar de juegos populares. El rey era el veo veo. Un juego súper entretenido, adivinar lo que está viendo el otro. «Veo veo una cosita que empieza por la eme y por la efe.» «No, sólo una cosa a la vez, Dioni.»

Son juegos muy simples. A no ser que seas de la familia Punset, porque entonces los juegos se complican: «¿Jugamos a los logaritmos neperianos?»

Para hacer más amenos los atascos, deberían hacer animación durante las caravanas. Que vengan los chicos de «Fama», por ejemplo. Así harán algo cuando acabe el programa. O que haya gente disfrazada de mascotas, como en Port Aventura, para amenizar la espera. Yo tengo una propuesta para Cataluña: «El Peajín», que es un muñequito que estará en los peajes recordándote que eres catalán y que, aparte de pasar calor, tienes que pagar.

EMITIDO EL 1 DE JULIO DE 2009

ESPIONAJE

En los últimos tiempos hemos descubierto que los políticos también se mandan mensajitos por el móvil. Miren lo que pillaron los del diario *Público*.

En pleno discurso de Montilla, dos diputados de Iniciativa comentaban la jugada por SMS. Se preguntarán: ¿Y cómo sabes que estaban hablando de Montilla? No hay más que leer el mensaje: «Vaya tostón, ¿no?»

Montilla se asustó al oír el tono del móvil. Estaba con su discurso, tan ameno como siempre: «Cataluña es un país...» Y sonó el pip-pip del mensaje de móvil. «Dios mío, la alarma de incendios. Vamos a morir.» El pánico se apoderó de él, aunque nadie se dio cuenta porque no cambió la expresión. Es la única que tiene.

Pero nosotros hemos interceptado otros SMS. Por ejemplo, este lo mandó el Rey a Zapatero: «Me has congelado el sueldo. Llámame que no tengo saldo.»

O este otro que recibió Wyoming en su móvil: «Recuerde que mañana tiene revisión de la próstata.»

No es nada extraño esto de espiar los móviles. Según un estudio, una de cada tres mujeres confiesa haber espiado el móvil de su pareja. De lo que se deduce que dos de cada tres mujeres españolas mienten en las encuestas.

Espiar el móvil de tu pareja es la segunda gran incógnita del comportamiento femenino, después de «¿Qué hay en IKEA que lo hace tan atractivo?» Y de «¿Qué placer encontráis en reventar espinillas?» Cuando una tía te ve, te mira y te dice: «¿Qué llevas ahí?» Y tú: «¿Qué llevo?, ¿qué llevo? ¡Quítamelo!» Y se acerca con los dos dedos en alto porque se ha fijado en una cosita de tu espalda. Porque tienen mirada de águila, ¿eh? ¿Cómo es posible que a cien metros vea un punto negro que tú no ves desde hace cuarenta años? Se precipita sobre ti con los dos dedos y ¡zas! Y claro, luego te lo enseña: «Mira, mira.»

Pero volvamos a lo de espiar el móvil de tu pareja. Que yo siempre me he preguntado: «Si eres infiel a tu pareja, ¿por qué guardas los SMS?» Sobre todo si eres un tío. ¿No ves que tu novia los puede oler? Que si la oyes husmear, ya puedes temblar: «Snffsssschttt... ¿Qué me ocultas en el móvil, Carlos?» De hecho, creo que en los aeropuertos van a poner novias celosas en lugar de perros policía.

Por cierto, dicen que Paris Hilton tenía tantos mensajes de sus amantes que no le cabían. Le salía un mensaje de: «Memoria insuficiente.» Y ella: «Jo, hasta el móvil me insulta.» Al final optó por planificar sus coitos con un Excel.

El espionaje está muy de moda. Podrían hacer una planta de espionaje en El Corte Inglés. Estaría camuflada, y tendrías que encontrarla tú.

Fíjate si está de moda, que hasta el Barça se apuntó al espionaje. ¿Se acuerdan? Acusaron a la dirección del club de espiar a sus altos cargos. Igual es por eso que Guardiola va siempre hecho un pincel: por si le están espiando. Porque qué guapo es Guardiola. Soy un hombre y no me importa decirlo: ¡Guardiola es GUA-PO! ¡Y lloré con *Los puentes de Madison*!

Volviendo a los espías, lo que más me gusta de ellos es esa forma de hablar que tienen entre ellos: «Mirlo Blanco a Águila Roja: el mochuelo ha salido del nido.» Parece que estén comentando un documental de la 2. ¿Por qué siempre utilizan pájaros para los nombres en clave? Supongo que si espían a Briatore, dirán «buitre»; si es a María Patiño, «cotorra»; y si hablan de Ana Obregón, «patas de gallo».

Ahora, los mejores espías se encuentran en las comunidades de vecinos. Son profesionales del chisme. James Bond a su lado parece Mortadelo. Son buenos, ¿eh? Están súper organizados. «Conchi, al tejado. Mari Carmen, al interfono.» Lo saben todo. Ayer subía en ascensor con una vecina y me dijo: «Tus yogures caducan hoy, ¿verdad?» Y soltó una risa malévola: «¡Muahahahaaaaaa!» Tiró una bola de humo, y luego desapareció. Tengo que cambiar de piso.

Eso sí, los espías más competentes del mundo son las madres. Es imposible engañarlas. Tú llegas y ahí está ella: «Échame el aliento. ¡Uhhh! Tú has fumado. ¡Winston! ¡Andorrano!» A ZP también se lo hacen cuando vuelve con los presupuestos: «¡Uuuuh! Tú hueles a recortes.»

EMITIDO EL 30 DE SEPTIEMBRE DE 2009

F-1

La Fórmula 1 está revolucionada. La próxima temporada Fernando Alonso correrá en Ferrari. Lo primero que ha hecho la marca italiana es quitarle el cuello al caballo del escudo, como homenaje. Ahora parece Chiquito.

Además, los italianos están muy contentos con Alonso: ya están sorteando quién se liga a su novia.

Alonso pasará a cobrar 25 millones de euros al año. Bueno, millón arriba, millón abajo. Por eso Ferrari ya ha dotado a su coche con un mecanismo especial para que Alonso corra más. Se trata de un aparato del que cuelga un billete de 100 euros en la parte delantera del morro.

Yo me alegro mucho por el fichaje. Pero no acabo de entender la Fórmula 1. Un montón de tíos dando vueltas al mismo sitio para aparcar el coche. Eso es como un sábado cualquiera en el centro de Barcelona. La diferencia es que en la Fórmula 1, al final te vienen dos modelos con una botella de champán. Bueno, es como un sábado cualquiera para Joan Eloi.

A mí me gusta la Fórmula 1. Las carreras son como mis relaciones sexuales. Primero haces una vuelta de calentamiento, luego vas a la salida (la salida es ella, claro), y al final todo se resuelve en décimas de segundo.

En Cataluña hay mucha afición por la Fórmula 1. Es la única manera de ver coches circulando diez minutos seguidos sin parar en un peaje. Es que no hay pilotos catalanes... ¡Cómo los va a haber si empiezas a correr y en seguida te encuentras un peaje! Que no puedes llegar al peaje y decir: «No, es que estoy entrenando para la Fórmula 1», que te dicen: «Sí, sí, pasa, pasa... y paga.»

Además, la Fórmula 1 es un deporte que me fascina porque tiene dueño, Bernie Eccleston. Tiene nombre de marca de tabaco: «Deme un paquete de Eccleston sin filtro.» Tiene nombre de marca de tabaco y el tamaño de un paquete de tabaco. Es curioso que un señor que podría tener cualquier coche prefiera desplazarse dentro del bolso de su señora. Es como el perrito de Paris Hilton.

Ecclestone ha sido un apasionado de los coches desde niño. Él tambíen jugaba con los Micro Machines, pero desde dentro.

Yo hubiera preferido que Alonso fichara por un equipo español, pero no hay ninguno. Con nuestros mecánicos, los coches no saldrían de boxes hasta después de fiestas. «Uhhh, ¿cambiar las ruedas? Me pilla que tengo al chico fuera... ¿Lo necesita el fin de semana?» Y al lado el de la gasolina fumando. «Jefe, ¿trae la tarjeta de descuento?»

Lo que le falta a la Fórmula 1 es un equipo español. Este año, la FIA ha rechazado la participación del equipo Epsilon Euskadi. Al ser vasco, los coches no tenían motor. Iban con los pies, como el troncomóvil: «¿Qué son, setenta vueltas? ¡Mecagoenlahostia!»

Una pregunta que me ronda por la cabeza: ¿Por qué no hay mujeres en la Fórmula 1? Se trata de correr, no de aparcar. Yo creo que es porque llevarían demasiados neumáticos: los de lluvia, los de seco, los de entretiempo, los de tacón. Me las imagino en el gran premio de India: «Hoy me siento Bollywood...»

A mí hay una cosa que me encanta de la Fórmula 1: cuando acaba la carrera se llevan el volante. Lo cogen y se lo ponen debajo del brazo, como un radiocassette. Claro, es que los volantes de Fórmula 1 cuestan sobre los sesenta mil euros. Y encima no lleva bocina. Con sesenta mil euros yo me pondría un botón de oro, que al apretarlo, saliera del capó el Orfeón Donostiarra y gritara: «¡Hamiltooooon, te estoy adelantandoooo!»

Otra cosa que me gusta es que pesen a los pilotos después de la carrera, delante de las cámaras. Quizás por eso no hay mujeres.

Se ve que la suma del peso del piloto más el coche tiene que ser de seiscientos kilos. Por eso Ronaldo se dedicó al fútbol, porque tendría que correr en un Twingo.

En fin, en este programa hacemos muchas bromas con Fernando Alonso, pero en el fondo le admiramos. Al fin y al cabo, es de los pocos en la Sexta que ha acabado una carrera.

EMITIDO EL 1 DE OCTUBRE DE 2009

OLIMPIADAS

Madrid no organizará los Juegos del 2016. Pero ¿sabes qué? Mejor. Que luego hay que limpiarlo todo. Que en Barcelona aún estamos sacando bolsas de basura. El otro día saqué a un lanzador de martillo ucraniano de entre dos cojines del sofá. Estaba limpiando y encontré un clip, un cigarro, una moneda... lo típico que encuentras entre los cojines. Bueno, había otras cosas pero me da reparo decirlas. Y allí me encontré al lanzador de martillo: «No me toques que estoy muy bien aquí.»

Ahora los brasileños se han puesto muy contentos, pero unas Olimpiadas son un currazo que flipas: pásale un trapito al Cristo ese que tienen con los brazos en cruz. Luego aísla a las mujeres por si viene la selección italiana, y lo peor: ponle un tanga a Peret y hazle cantar en portugués: «¡Bourriquinho como tú, tururao!»

Bueno, esto de que en Río se han puesto muy contentos es relativo. En principio, parece que estén eufóricos, pero no olvidemos que son brasileños. Reaccionaron igual cuando le dieron la nacionalidad española a Regina do Santos. Siempre están alegres. Como si hubieran olvidado que en su día fueron portugueses.

He oído que Brasil va a aportar sus innovaciones al mundo olímpico. Por ejemplo, las pruebas empezarán a las once de la mañana, que tampoco hay que estresarse. Y después habrá nuevas modalidades, como los cien metros samba, las ingles sincronizadas o el tiro con «narco».

Por cierto, Lula ha dicho que la palabra favela desaparecerá del diccionario antes de los Juegos. Fíjense que no dice que desaparecerán las favelas. Sólo la palabra. Ahora las llamarán *casinhas da merda*.

Yo pasé muchos nervios durante la ceremonia. La alargaron demasiado. Primero eliminaron a Chicago. Obama se quedó bloqueado: «¿Qué hay que hacer cuando se pierde?» Tuvo que llamar a Llamazares.

Los japoneses fueron los segundos en caer. Se ve que al COI no le gustaron sus propuestas de nuevos deportes: «salto de Tamagotchi», «harakiri con pértiga» y «lanzamiento de *laserdiscs* de karaoke».

Y luego ya, Madrid. Yo ya no lo vi claro cuando salió Samaranch a defender la candidatura. ¿De verdad ese hombre representa el espíritu olímpico? Que ve una valla de los cien metros y se apoya para esperar las obras.

¿Se han fijado que este señor tiene un doble? No sé si debería decir Joan Antoni Samaranch o Joan Antoni señor Burns, de los Simpson.

Pero entonces aún se entiende menos que no le dieran los Juegos a Madrid. Porque, como todo el mundo sabe, Gallardón también tiene un doble en Springfield: es igualito al señor Smithers.

Por cierto, que hoy salía publicado en un diario que la ciencia cada vez está más cerca de conseguir lo que se conoce como la píldora de la eterna juventud. Samaranch ha preguntado: «¿Cerca qué es? ¿Para el miércoles?»

Esto lo están estudiando científicos austríacos. Sería el descubrimiento más importante de Austria desde el pan de Viena. De momento lo han probado, esto es verdad, en moscas y gusanos. Si funciona, lo probarán con animales más próximos al ser humano: cerdos y periodistas del corazón.

Volviendo a los Juegos Olímpicos, aún no han confirmado si Madrid se volverá a presentar para el 2020. Yo sólo digo una cosa: dos corazonadas son un microinfarto.

EMITIDO EL 5 DE OCTUBRE DE 2009

AHORRO FAMILIAR

Según el Instituto Nacional de Estadística, los españoles estamos ahorrando más que nunca.

Yo ya me había dado cuenta. El otro día estuve en un club de *striptease* con Joan Eloi, por una reunión de trabajo, y la gente en lugar de colocar billetes en el tanga de las chicas les colocaba vales-descuento del Lidl. Ahí Joan y yo dijimos: «Esto es más grave de lo que creíamos», y apuramos nuestro cacaolat.

Eso tiene una explicación. Con la crisis, la gente tiene miedo de gastar y en lugar de comprar, mete en el banco todo lo que tiene. Se han dado casos de niños que se han tragado una moneda y la familia los ha ingresado en un banco a plazo fijo: «Si os dejo al niño aquí, ¿me regaláis un juego de maletas?»

Para ahorrar más, están proliferando las marcas blancas. ¿Qué es una marca blanca? Os pongo un ejemplo: El Sueño de Morfeo es la marca blanca de La Oreja de Van Gogh. Tiene las mismas cualidades pero son más baratos.

También están los que se pasan con el ahorro. Hay quien, para ahorrar luz, abre la nevera lo justo para que no se encienda la luz. Que es muy difícil, ¿eh? A mí no me sale, cada vez que abro está la luz; he llegado a pasarme viernes enteros intentándolo. Y claro, los que lo consiguen sólo pueden alimentarse de tranchetes y lonchas de chóped.

Aunque una cosa es que tú seas un rata, y otra que eso afecte al resto de la familia. Tengo unos vecinos que les han prohibido a sus hijos que se les caigan los dientes, para ahorrarse el regalo del Ratoncito Pérez. Están los niños sorbiendo para aguantarse los dientes.

El Risitas tenía un plan de ahorro basado en guardar todos los dientes y cambiarlos de golpe por un yate.

Las costumbres familiares están cambiando. Eso de que los niños pidan dinero a los padres para un sobre de cromos y los padres se lo den sin más se ha acabado. Ahora, si un niño se quiere comprar los cromos de Hannah Montana, sus padres le piden las tres últimas nóminas y que su hermano le avale con la Play.

Antes, si el niño quería una moto, le decían: «Si lo apruebas todo, te la compro.» Pero claro, ahora se lo ponen más difícil. Te dicen: «Si resuelves el conflicto en Oriente Próximo, te regalamos un iPod.» «Es que soy menor de edad.» «¡Bah! Eso son excusas.»

Otro sistema de ahorro familiar consiste en aprovechar la ropa de los hermanos. Es una cosa que se ha hecho siempre. El problema aparece cuando se trata de una familia numerosa, que al hijo pequeño le llega la ropa tan gastada que parece que esté participando en «Supervivientes.» «¿A quién quieres nominar?» «A mis padres.»

Los que no ahorran nada son los jueces. Hoy se ha hecho público el sumario del caso Gürtel, que consta de diecisiete mil páginas. Venga a gastar papel. Si los apilas todos juntos, tienen la misma altura que Joan Eloi tumbado.

Cuando acaben de leer el sumario, el delito habrá prescrito. Para hacerlo más ameno, el juez ha hecho una trilogía y le ha puesto título de *bestseller*, rollo *Millennium*: «La presidenta en el palacio de las cuentas de Correa», «La chica que soñaba con el Bigotes y un bidón de gasolina» y «Los hombres que no amaban los trajes de Zara.»

La cultura del ahorro es algo que nos inculcan desde pequeños. Te regalan una hucha con forma de cerdito para que vayas metiendo tus ahorros. Que ya las hacen con esta forma para que, años después, cuando vayas a ingresar dinero al banco, estés familiarizado con los banqueros.

EMITIDO EL 6 DE OCTUBRE DE 2009

RICOS EN LA CÁRCEL

El Tribunal Constitucional italiano ha anulado la inmunidad de Berlusconi. ¿Se imaginan a Berlusconi en la cárcel? Quién le iba a decir que a sus 73 años se iba a preocupar más por una entrada en prisión que por una subida de presión. Él está muy tranquilo, no se le ha visto ni un gesto de preocupación. Ni de preocupación, ni de otra cosa, porque se le podrían saltar los puntos. Sólo puede poner esa cara que tiene, como de ir en una Vespa.

Por cierto, cuando te estiran la piel, ¿qué hacen con la piel sobrante?, ¿pizzas?

Pero quiero centrarme en otro punto. Si Berlusconi es culpable, ¿irá a una cárcel normal, una de esas con yonquis en chándal y redactores de «Callejeros» en la puerta? No me lo imagino.

Seguro que tienen cárceles para ellos, para ricos. En lugar de vis a vis tienen visa a visa. No hacen pesas en el patio, hacen pilates. Que por cierto, si te descuidas, recalifican el patio y te construyen una Chirona d'Or, ciudad de reclusiones.

Igual a Berlusconi le toca compartir celda con Félix Millet. ¿Saben quién es? Ese señor que se ha llevado varios millones de euros del Palau de la Música Catalana. La música catalana se diferencia del resto de la música en que, entre canción y canción, hay que pagar un peaje.

Es que no sé si se hacen una idea de la cantidad de dinero que se ha llevado Millet, que se llama así por Mi-Jet privado.

Yo entiendo que esta gente, que está acostumbrada al lujo, no lo va a pasar bien en la cárcel. No me los imagino trapicheando. Porque, como saben, la moneda de la cárcel son los cigarrillos. «¿Cuánto vale esto?» «Tres Chesters.» Y ellos: «¿Tienes cambio de un Montecristo?»

Yo también tendría miedo si tuviera que entrar en la cárcel. El mito de la pastilla de jabón que se cae en las duchas, por ejemplo. Saben que, si se cae... no hay que recogerla... ya me entienden. Si yo entrara en prisión, lo primero que haría es llevar el gel de casa.

Lo que sí le costará a esta gente es encontrar gomina en la cárcel. Gomina no hay, ¿para qué si estás entre tíos? Todos los del caso Gürtel, por ejemplo, que gastan tanta gomina que se les trasparenta la cabeza y se les ve el cerebro ¿como lo harán en la cárcel? Tendrán que volver a la gomina de la posguerra: saliva. Se lamerán la cabeza los unos a los otros como los gatos. De hecho, Bigotes ya es nombre de gato.

Aunque sean pijos, estos ladrones también querrán fugarse. El otro día se estaba fugando uno de una cárcel y se cruzó con otro tío que hacía un túnel, pero para entrar: «No sabes la que está cayendo ahí fuera con la crisis.»

Y claro, esta gente ocupa el doble que un preso normal, porque se tendrán que llevar al mayordomo: «Braulio, vamos a ingresar en prisión», y Braulio: «De acuerdo, señor. ¿Le llevo la bola?» «Braulio, se me ha caído la pastilla de jabón», y Braulio dice: «Pues tiene usted un problema, señor.» «Braulio, rájale la cara a ese caballero, que me ha mirado mal.»

Pero la sensación que tenemos todos es que Berlusconi no pisará una cárcel. A no ser que sea una cárcel femenina. Hoy salía publicado que su equipo legal está compuesto por quinientos abogados. Cuando tienes quinientos abogados, al final delinques sólo para mantenerlos.

Tener quinientos abogados dice mucho de ti. Ahí hay algo sospechoso. Es como tener quinientos peluqueros y ser calvo. Piénsenlo.

EMITIDO EL 8 DE OCTUBRE DE 2009

ESTADOS UNIDOS

El día que Zapatero visitó la Casa Blanca, en España no se hablaba de otra cosa. Ibas a comprar el pan y las señoras mayores: «Ponme una de cuarto, Paquita. Esperemos que a nuestro presidente le vaya bien en esa superpotencia que es Estados Unidos, con una trayectoria democrática de doscientos años y una economía basada en la industria y la exportación de materias primas varias.» Y la panadera, con acento ruso: «Son dos eurross, grracias.»

Hacía seis años que un presidente español no pisaba la Casa Blanca. Pues no la habrán pintado veces, en seis años. Porque, los que habéis pintado vuestra casa lo sabéis, una casa, blanca, blanca, dura un mes. Ponle «la Casa Beige», y vas más tranquilo. O algo más sufrido: «la Casa Gotelé.»

Zapatero y Obama hablaron de todo, en general. «Cómo está el mundo, ¿eh?» Y el otro: «Ya ves... Así que Nobel de la Paz, ¿eh?» Y Obama: «Sí, sí... ¿A qué hora salía tu autobús?»

He leído que ZP durmió en un hotel cercano a la Casa Blanca. Es muy raro que con lo grande que es la Casa Blanca no le encontraran ni siquiera un plegatín.

El hotel cuenta con 14 dormitorios y 35 cuartos de baño. Eso sale a más de dos lavabos por habitación. Imagino que a Obama le llegaron rumores de que ZP es muy de cagarla.

A mí me da envidia Zapatero, sólo por el hecho de haber estado allí. Porque me encanta Estados Unidos. Todos los estados. No es aquello que digas: «Aaay, Connecticut...» No, no, todos molan. Yo, si pudiera, viviría en Estados Unidos, como un auténtico americano: con un sombrero de *cowboy*, un rifle, y el mismo colesterol que todo un país africano.

En Estados Unidos todo es más grande. Aquí tenemos el Retiro; allí, Central Park. Aquí tenemos el acueducto de Segovia; allí, el Golden Gate de San Francisco. Aquí, las dos torres KIO; allí, las torres... bueno, que allí todo es más grande.

Hasta las personas son más grandes. Hay muchos gordos. Pero gordos, gordos. No de esos que los ves y dices: «Mira qué gordito tan gracioso.» Los gordos, en América, cuando hablan de *Liberad a Willy*, se sienten identificados. Allí, para hacer chistes de gordos, no hace falta recurrir siempre a Falete o a King África: tienes un gordo diferente para cada día.

Es normal: aquí tenemos la dieta mediterránea y allí, para ellos, la dieta mediterránea es el acompañamiento de una hamburguesa. De una hamburguesa del tamaño de Mallorca.

Lo que más me flipa de América es su cine. Aquí nos llegan pelis como *Gladiator* y *Star Trek* y nosotros les enviamos *Los lunes al sol* y *Mar adentro*. Que no nos engañemos, son películas de gente que no lo está pasando bien. Claro, luego comentan: «¿Dónde vamos de vacaciones? ¿A España?» «Quita, quita, que ya tienen bastante con lo suyo, pobre gente.»

Lo que más me sorprende de Estados Unidos es lo fácil que resulta conseguir un arma. Las venden en los supermercados. Es muy peligroso. Bueno, no sé si se han enterado... Se ve que el otro día un Chiquiprecio le disparó a otro. Un drama.

EMITIDO EL 13 DE OCTUBRE DE 2009

ENCHUFADOS

No sé si se han enterado, pero el hijo de Sarkozy, *le petit écolier*, será jefe de administración del barrio financiero más importante de Francia. No sé si se han fijado en el hijo de Sarkozy. Muchos lo recordaréis por su paso por «Gran Hermano 1», bajo el nombre de Vanesa. Son iguales.

Los franceses están molestos. No por el hecho en sí de ser franceses, que ya tiene tela, sino porque este chico tiene 23 años, todavía no ha acabado la carrera, y hasta ahora su único trabajo conocido ha sido el de ayudar a su padre a coger las cosas de la última estantería del súper.

Me he documentando sobre este chico y he descubierto que, aparte de tener unas puntas perfectas, es el típico que... no lo digan por ahí, pero... arrima la cebolleta. ¿Saben esa gente que roza a otra gente? «No, es que hay mucha gente y estamos muy apretados.» «Perdone, señor, estamos en un concierto de Fran Perea. Estamos usted y yo solos.»

Pues Jean Sarkozy es de ésos. Arrima la cebolleta. En francés: «*Aguimé la siboulét.*»

Que el centro financiero más importante de Europa esté en manos de un chaval puede ser arriesgado. A partir de ahora las reuniones se harán vía Facebook y sólo los días que no den «Física o química», los euros franceses llevarán la cara de los Jonas Brothers, y el vocabulario dejará de ser tan técnico: «Estoy súper rallada, tía, este mes no me ha bajado el IPC.» «Eso te pasa por abrirte demasiado al mercado común.» Y, por supuesto, en lugar de darse la mano, se arrimarán la *siboulét.*

Por lo general, los enchufados lo tienen mal, porque por muy bien que lo hagan, para la gente siempre serán «el enchufado», el hijo del jefe. Jean Sarkozy podría, ¿qué sé yo?, sacar a Europa de la crisis, acabar con la gripe A con sus propias manos, o inventar un sistema sencillo para abrir los tetrabricks; que siempre habrá el imbécil que diga: «Sí, sí, pero eres el hijo del jefe.» Y él: «Pero François, te curé la gripe A.» Y el otro, rabioso: «Te curé la gripe A, te curé la gripe A... *Enchufao...* Y quítate de detrás. *Ne me arrimé pas la siboulét.*»

Sarkozy no es el primero que enchufa a su hijo. María Teresa Campos enchufó a Terelu, Julio Iglesias enchufó a Enrique Iglesias y Woody Allen llevó hasta el límite el concepto de «enchufar» a una hija.

Incluso el Rey está donde está por enchufe. Ser Rey te viene de familia, no hay una FP de monarquía. ¿Se imaginan? «Vaya, me han quedado procreación masiva, saludo bombillero y discurso de fin de año de segundo.» Y el otro: «Déjate barba que eso siempre sube nota.»

Esto de los enchufes ya viene de antiguo. El propio Dios enchufó a su hijo. Tenía una influencia brutal, porque era Dios, no era un gerente del Zara. Eso sí, le obligó a currárselo. Le hizo pasar unas oposiciones de la hostia. Tuvo que aguantar la violencia extrema y la traición de sus amigos. Eso sólo se da para ser Mesías y tertuliano del «Sálvame».

También pasa al revés: hijos que han enchufado a sus padres, llegando a ser más conocidos incluso que ellos. Es el efecto Bill Gates: tú sabes que él inventó el Windows Vista, pero, por lo general, la gente se acuerda más de su madre.

Mira Jesulín: Jesulín de Ubrique. Pero cuidado, que su padre es Humberto Janeiro, *el Tigre de ambiciones*. Mucho más importante, con ese nombre. Yo quiero un nombre así para mi padre. No sé. El Leopardo de aspiraciones. Tiene asma, así que le pega. Y para mi madre también, qué narices: la Pantera del cuarto B. Señores, les presento a mis padres: el Leopardo de aspiraciones y la Pantera del cuarto B. Se conocieron en un zoo. Mi abuela no ha podido venir, está en una jaula.

En definitiva, el mundo está lleno de enchufados. A mí me gusta más la gente que se curra las cosas, gente hecha a sí misma, como Paquirrín, que se hizo a sí mismo; su madre lo hizo de tres kilos y él ya se encargó de ampliarse.

EMITIDO EL 15 DE OCTUBRE DE 2009

E-MEDICINA

Estos días he ido mucho al médico por el tema de la voz. En la primera visita le pedí que me reconociera y él: «Sí, sí, es usted Andreu Buenafuente, el de la tele.» Humor de médicos, no se lo tuve en cuenta. Esta gente se pasa el día viendo pus. No «Sálvame». Pus de verdad.

Después me dijo que me relajara. Yo me relajé porque al médico hay que hacerle caso. También me dijo que me iba a introducir una cosa por la boca. Ahí dejé de relajarme un poco.

Cuando me recuperé del susto, me aclaró que lo que me iba a introducir era una cámara capaz de llegar a las cuerdas vocales. Por suerte, no es una cámara como las que tenemos en el plató, con su operador y todo... Es una cámara pequeñita, pequeñita, es el Joselito de las cámaras, por el tamaño y porque se mete por la boca o por la nariz.

Claro, cuando los virus vieron entrar una cámara por la boca, pensaron que eran los de «Callejeros»: «Hola, parejita, ¿qué, cuántas Juanolas os habéis metido hoy?»

Yo, como estoy enfermo de trabajo, le improvisé un programa al doctor: la campanilla hizo un monólogo, un pólipo que tengo desde hace años se puso a tocar las cuerdas vocales y al final entrevisté a la glotis. Cuatro se ha interesado en el formato: el programa se llamará «Lo más pus».

Debo confesarles que yo pensaba quc la belleza estaba en el interior hasta que me vi el esófago.

Yo esperaba ver algo parecido a «Érase una vez el cuerpo humano», la serie de dibujos. «¡Mira, una bacteria! ¡Que el sistema inmunológico envíe sus naves espaciales!»

Lo que vi en realidad no lo puedo poner en pantalla, pero les diré que es como si «Érase una vez el cuerpo humano» la hubiera dirigido Tarantino. Qué sabia es la naturaleza, que lo más feo te lo pone por dentro del cuerpo. Menos en el caso de Rita Barberá, que lo lleva en el exterior. No es muy agraciada. ¡Eh!, pero tiene una glotis preciosa...

Ahora, con estas cámaras, hay quien ya se está planteando hacerse cirugía por dentro, para salir mejor en la pantalla: «Quiero la laringe de Scarlett Johansson. Y dos tallas más de amígdalas.»

Ahora los médicos dan demasiada información. Como el médico este de la cámara, el que me grabó. Luego me pasó unos segundos de la filmación y decía: «Mira, esto que estamos viendo sería...» Y yo le digo: «Es que no lo quiero saber, yo no he estudiado para médico, ¿me entiendes? Me da asco, doctor.» «No, hombre, pero tú tienes que saber...» Y yo: «¡No, no tengo que saberlo!»

Todos los médicos te quieren enseñar; el dentista igual, te saca una radiografía: «Mire, ésta es su boca, ¿ve? Tiene esta pieza, la 44...» Te hacen un curso que tú no necesitas para nada.

A mí me gustan los médicos de antes, que ni te miraban. La mayoría fumaba, que le pregunté a uno: «¿Usted fuma?» Y me dijo: «Sí, pero es que yo no soy de pulmón.» Esos médicos te ponían el estetoscopio y lo único que tenías que hacer era decir «treinta y tres.» Que una vez fue uno y le dijeron: «Diga treinta y tres.» Y él: «¡Doce mil!» Era el que contaba los manifestantes del PP.

Ahora lo que se lleva es la e-medicina, la aplicación de Internet a la medicina. No confundir con buscar en Google «enfermeras cachondas».

Gracias a la e-medicina puedes consultar a tu médico vía webcam, sin hacer cola y sin que te pongan en la boca ese palo de madera reciclado de un Frigopie. Lo único que te puede pasar con la e-medicina es que se te cuele una señora mayor *hacker* diciendo que viene sólo a por recetas.

Con todos estos avances, los médicos se van a tener que adaptar al lenguaje informático: ya no hablarán de diarrea, que nunca ha sido un término agradable, sino de «reiniciar el sistema digestivo», los supositorios se «introducirán por el puerto USB», y en lugar de decir «Está embarazada», dirán: «Está a punto de salir una versión beta. ¿Quiere descargarla ahora?»

Los virus también se modernizan. Algunos ya están contagiando vía Facebook: «Apendicitis le ha agregado como amigo. ¿Desea aceptar?» Y tú: «Vale.» Y te llega otro mensaje: «El doctor Romagosa le ha sugerido hacerse amigo de Nolotil.»

En el fondo, bien utilizada, la e-medicina puede ser un buen sistema. Pero cuidado, que hay mucho espabilado. Si te pide que te desnudes delante de la webcam, puede que sea un médico. Si además te pide que le digas guarradas, empieza a sospechar. Y si te pide que te pongas el termómetro en un sitio que no sea la boca o el sobaco, no hay duda: has entrado en la web de Berlusconi.

EMITIDO EL 19 DE OCTUBRE DE 2009

PRESUPUESTOS

Los presupuestos que se debaten hoy son los primeros de Elena Salgado. Es la primera vez que la ministra de Economía es una mujer. Eso se ha notado en que, en el apartado de gastos para comunidades autónomas y ayuntamientos pone: «No sé, tú sabrás.» Esto es muy femenino. «Cariño, ¿estás enfadada?» Y ella: «No sé, tú sabrás.»

Esto de debatir los presupuestos no es sólo cosa del Estado. Ahora, con la crisis, ha llegado a las familias. Los presupuestos familiares son tan ajustados que algunas familias disfrazan a los abuelos de paloma para que pillen alguna miga en el parque. No se veía tanto jubilado con pluma desde la reunificación de Locomia. Qué triste es eso. Ese pobre abuelo, toda la vida trabajando y lo ponen ahí, en el parque, y él venga a gritar: «Quitadme la pluma, quitadme la pluma.»

En las familias, la cosa va más o menos como en el Parlamento: se reúne toda la familia un domingo por la tarde y debaten los presupuestos. Y la hija: «Mamá, como jefa de la oposición, creo que hace falta más inversión en I + D: Implantes mamarios + Discoteca.»

En algunas familias, incluso, la madre presenta los presupuestos como la ministra Salgado, en un *pendrive*. Y ahí debaten todos: padres, hijos y abuelos. Porque a los mayores también hay que darles dinero. No se los puede ignorar, porque luego pasa lo que pasa.

Ayer, una señora de 92 años fue detenida en Barajas con cuatro kilos de cocaína encima. Pesaba más la cocaína que ella. Claro, no puedes decir que es para consumo propio. A lo mejor la señora dijo que era harina, para rebozar pechugas. Y el policía: «Ahá... ¿Y desde cuándo se reboza usted la nariz, señora?»

Qué disgusto para la familia, también. Tener un abuelo camello. Es muy triste que un padre le tenga que decir a un hijo: «Si tu abuelo te da un Werther's Original, no lo cojas.»

Por cierto, los Werther's Original ya no entran en los presupuestos familiares. Ahora son Werther's Imitación. Que en el anuncio de Werther's Imitación sale el abuelo diciendo al niño: «Este caramelo ha pasado de generación en generación. Y cuando digo "este caramelo" me refiero a "este caramelo"», y se saca uno de la boca.

Hablando de anuncios y de ahorro. Hoy hemos sabido que Freixenet repetirá el mismo anuncio del año pasado a causa de la crisis. El de Gemma Mengual, ¿se acuerdan? Cuando Gemma vuelva a salir, llevará un año en el agua. Habrá encogido dos tallas. La llamarán Gemma Menguar. Pero pueden repetir el anuncio tranquilamente, porque la gente ya no compra cava. Para ahorrar hacen cava casero. Mezclan mosto con Peta zetas.

Y si Freixenet tiene que ahorrar en Navidad, igual otros anuncios también. El de «Vuelve a casa por Navidad» ahora dirá «Vuelve a casa, pero en temporada baja, que es más barato». Y las muñecas de Famosa ya no se dirigen al portal. Ahora viven en uno.

Está la cosa muy mal, y establecer un presupuesto familiar es necesario. Hay que gastarse el dinero en cosas necesarias. ¿Cómo determinar si una cosa es necesaria? Fácil: un bote de lentejas que vale un euro: necesario. Un mechón de pelo de Elvis de cuando se fue a la mili, que vale 12.000 euros, es innecesario.

Esto es cierto. En una subasta, alguien ha comprado todo ese pelaco de Elvis, que es como del desagüe de un heavy.

¿Para qué quieres un mechón de Elvis? ¿Es que quieres hacerte un injerto, como Bono? ¿Tú te imaginas? ¿Bono cantando el *Love me tender*?

«Lojjjjme me tender, lojjjjme me sweet
Never lejjj me go.
You jjjjjave made my life complete
And I lojjjjve you sooo.»

Se está notando mucho la crisis en las familias. Mira la familia de Félix Millet, el hombre más malo de Cataluña. Ese señor que confesó que se había llevado unos dineritos del Palau de la Música, unos milloncitos de nada. Pues su familia... ¡pobrecitos! Esta Navidad, en lugar de cenar con caviar, cenarán con chorizos.

Hoy se publicaba que hasta el día del juicio, según decisión del juez, Félix Millet estará libre sin fianza. Eso sí, le han retirado el pasaporte. Ahí han sido implacables. Con lo que cuesta renovarlo, ahora se tendrá que hacer uno nuevo. Este señor mayor haciendo cola toda la mañana, ahora que ha llegado el frío. Que la única cola que había hecho hasta ahora era la conga de fin de año en un crucero por las Seychelles.

En fin, que hoy ha sido el primer día del debate presupuestario. Ya sabemos que los presupuestos se aprobarán con los votos del PSOE, Coalición Canaria y PNV. Serán unas votaciones con menos suspense que una película porno. Y total, al final también nos la acabarán metiendo doblada.

EMITIDO EL 20 DE OCTUBRE DE 2009

LA JUVENTUD ME PREOCUPA

Hoy he leído en la prensa que los adolescentes están perdiendo la costumbre de escribir a mano por culpa del ordenador. En cambio, gracias a la informática, han aumentado otras cosas que los adolescentes hacen con la mano... Clicar, por ejemplo.

Los jóvenes tenemos peor caligrafía. No es como la letra de nuestros abuelos, que decían: «Espera, niño, que te hago la lista de la compra.» Y empezaba el ritual de chupar la pluma y hacer una caligrafía barroca y adornada. Una letra cervantina. Que una vez mi abuelo me apuntó que comprara Mirindas, y cuando acabó de escribirlo, habían dejado de existir. Por cierto, recuerdo un chiste muy bueno de la Mirinda: Entra un tío con su hijo en un bar y el camarero le pregunta: «¿Qué le pongo?» Y el tío: «Un café.» Y el camarero: «Y al niño ¿le pongo una Mirinda?» Y él: «No, el niño ya ha *mirindao*.»

Volviendo a la caligrafía. Ahora, en cambio, ves algo escrito por un chaval y no sabes si lo ha hecho un ser humano o un sismógrafo. «Cariño, no sé si el niño está poseído o es que va a ser médico.»

Los jóvenes tienen peor letra que las canciones de Enrique Iglesias. Que, pobre, ya bastante tiene con acordarse del nombre de sus hermanos.

Repasando la prensa de hoy he leído varios titulares preocupantes sobre nosotros, los jóvenes. Por ejemplo, según el Plan Nacional sobre Drogas, que es un organismo, no una estrategia para conseguir droga, el 20 por ciento de los jóvenes entre 14 y 18 años fuman porros frecuentemente. Se ve que les preguntaron: «¿Fumáis porros?», y la respuesta fue: «¿Quién, yo?» Y se les escapó la risa tonta. Alguno dijo que sólo hablaría en presencia de «Callejeros».

¿A los 14 ya fuman porros? Cada vez empiezan antes. Seguro que sacan un juego para la Wii. Lo podrían llamar la «Mar-Wiihuana».

Hablemos de todo un referente para los jóvenes: Paris Hilton. Hoy ha declarado que lleva años haciéndose la tonta, y que todo es un personaje. Qué buena actriz, qué realismo. Y digo yo: si tan buena actriz eres, ¿por qué no te haces la lista?

Dice, incluso, que para fingir que es tonta pone voz de pito, pero después, con sus amigos, tiene otra voz más normal. O sea, que conforme vas cogiendo confianza con ella, va bajando de revoluciones, de Joselito a King África: «Hola, soy Paris, encantada de conocerte. Iba a probarme tangas, ¿vienes?»

Aunque hacerse el tonto, a veces, no viene mal. Mira a Berto. Todos, alguna vez, nos hemos hecho el tonto. Como cuando te pillan robando toallas en el hotel: «Noooo, si son mías. Es que me llamo hotel... Princesa Sofía...»

Me preocupa la juventud. Me preocupo a mí mismo. Esta semana hablábamos en el programa de las tribus urbanas. Tengo un vecino adolescente que no acaba de decidirse por una tribu concreta. Por la mañana sale de heavy y por la noche llega de punki, con su perro y su flauta. Que a veces se lía y toca heavy con la flauta.

No se veía una mezcla de estilos tan rara desde el armario de Mercedes Milá.

Pero bueno, yo desde aquí quiero lanzar el mensaje de que la juventud no está tan mal. No miremos sólo los porros o la mala caligrafía. Miremos los referentes positivos: Hannah Montana, Froilán, las hijas de Zapatero... Dios mío, estamos perdidos.

EMITIDO EL 22 DE OCTUBRE DE 2009

FENÓMENOS PARANORMALES

Hoy hemos leído una noticia que nos ha fascinado. La hermana de Michael Jackson con la peor rima del mundo, Latoya, asegura que su hermano se comunica con ella desde el más allá. Para el que no sepa quién es Latoya, es una mezcla de Isabel Preysler con el propio Michael Jackson. Esta mujer sabe mucho del más allá. Ella misma es un fenómeno paranormal. Se parece mucho a su hermano, pero en su estado actual.

Según Latoya, su hermano le enciende y le apaga las luces, para hacerle saber que está bien. Se ve que llega a casa y dice: «Michael, ¿estás bien?» Y se apagan las luces. Igual la que no está bien es ella. A esta mujer la pones delante de un semáforo y se cree que está hablando con los Village People.

Parece que los fantasmas pierden la capacidad de hablar. Un poco como Fraga. Y se especializan en cosas como apagar luces o cambiar objetos de sitio. Me alucina que si un espíritu se quiere comunicar con un vivo, lo único que haga sea mover un jarrón. ¿Qué quiere decir con eso? ¿Que el jarrón queda mejor a este lado de la mesa? ¿Has venido del más allá sólo para redecorar mi casa? A mí se me ocurren cosas más terroríficas. Apagar el calentador cuando estás en la ducha, poner discos de Paloma San Basilio a las siete de la mañana... Y si quieres sembrar el terror moviendo algo, mueve el dial de la radio y pon la COPE. Ya verás, ya...

Lo más peligroso en el mundo de los «fantasmas» son las güijas. Imagina que, sin querer, hay un cruce de líneas y se te aparece el espíritu de tu suegra: «Niño, ¿no tenías un vaso limpio para hacer la güija? Guarro.»

Volviendo a la noticia, Latoya no es la única que se comunica con su hermano. Según ha dicho ella misma, también hay un papagayo con el don de hablar con Michael. Se ve que un día llegó a casa y se encontró al papagayo diciendo: «Los niños están bien. No te preocupes por nada.» Luego se puso el ala en sus partes y gritó: «¡Uuuhhh!» Oyes eso y te mueres de miedo. Yo creo que Michael habla con el papagayo porque lo ha confundido con Latoya.

A mí los fenómenos paranormales me dan bastante respeto. Llámame maniático, pero cuando hablo con alguien, prefiero que esté vivo, aunque no conteste. La única manifestación del más allá que me gusta, aparte de la duquesa de Alba, es cuando se aparecen caras en los sitios. Me parece muy elegante que un fantasma diga: «¿Sabes qué? Voy a poner mi cara en esa mancha de humedad.» Al menos se lo curran.

Aunque no todos saben elegir un buen sitio para aparecerse. Les pongo dos ejemplos de apariciones desafortunadas que han publicado en la prensa. La primera es la cara de Jesús en una chocolatina. Tú estás comiendo un Kit Kat, y se te aparece la cara del Mesías. Al menos, si apareciera en un huevo Kinder ya te avisan de que hay sorpresa.

El segundo ejemplo de aparición es más desafortunado: se trata de la cara de Jesús en el culo de un perro. Sólo puedo añadir que, realmente, lo clavaron cuando dijeron que «Dios está en todas partes».

Volviendo a Michael Jackson, mañana se estrena su película. Él no ha confirmado aún su asistencia. Aunque no descarta aparecer para encender y apagar las luces de la sala. Algo tendrá que hacer, que la eternidad es muy larga.

Bueno, desde aquí quiero pedir que dejen descansar en paz a Michael. Si su papagayo nos está viendo, salúdalo de nuestra parte. Y dile que no voy a ir a ver su película, que ya sé cómo acaba.

EMITIDO EL 27 DE OCTUBRE DE 2009

BESTSELLERS

Hoy se pone a la venta en castellano *El símbolo perdido*, la continuación de *El código Da Vinci*. Todo indica que será un *bestseller*. A mí me gusta mucho esta saga porque pasa como en mi colegio: los malos son los curas. Quiero matizar porque mi colegio era de curas, bueno de «hermanos», pero no de hermanos entre ellos, sino una congregación. Me lo pasé muy bien; había alguno chungo, pero como en todos lados. Lo digo porque luego voy a mi pueblo y salen todos con los hábitos: «¡Que te pego una hostia!» Bueno, eso lo dice el malo.

Aclarado este punto, volvamos a *El símbolo perdido*. Hay gente que se ha tirado toda la noche en la calle para comprarse el libro. Es como un botellón, pero de libros: el librotón. La policía ha detenido a unos jóvenes que han empezado a gritar consignas literarias: «Bote, bote, bote, Sancho Panza y don Quijote.» Luego se han juntado con los del botellón y se lo han bebido todo por fascículos, un desastre.

Por cierto, que el autor del libro es Dan Brown; en castellano, Daniel Marrón. La crítica ya ha dicho que el libro es más malo que quitarle el caramelo a un niño, untarlo en vinagre y devolvérselo. Dan Brown se lo ha tomado muy mal. Todavía está secándose las lágrimas con billetes de cien euros. Brown ha dicho que en su próximo libro los malos serán los críticos. Se llamará *El código escribe-tú-uno-si-eres-tan-listo*.

Qué trabajo el de crítico, ¿eh? Dan Brown ha tardado cinco años en escribir el libro y se lo despachan con un «No está mal. Le falta ritmo». ¿Falta ritmo? Pues ponte un disco de Carlos Baute y vuélvelo a leer.

El libro continúa con las aventuras del personaje que interpretó en el cine Tom Hanks. Yo le llamo Tom porque ya le conozco, estuvimos hablando un día en Roma durante nueve minutos y, para mí, nueve minutos es una amistad sólida. Ya sabéis de qué va: un señor que encuentra mensajes secretos en los cuadros de Leonardo da Vinci. Ya se sabe que Leonardo no tenía otro trabajo que dejar mensajes secretos... Se curraba un cuadro durante medio año, con lo que costaba, y encima dejaba un mensaje secreto. Ya se lo podría haber ahorrado. Leonardo, di las cosas claras. Apúntalo en un margen, o en el marco. O ponle un globo de texto a la Mona Lisa, como los de los cómics. «Toy contenta» o «Toy triste».

Los *bestsellers* acostumbran a ser unos tochos considerables. Como, por ejemplo, los de la saga *Millennium*, de Stieg Larsson. ¿Cuántos árboles han talado para tanto papel? El libro se tendría que titular *Los hombres que no amaban a las mujeres ni al Amazonas.* Tienen más páginas que el currículum de Jesús Vázquez.

Un buen *bestseller*, como un buen peluquín, debe enganchar mucho. Yo una vez, en una misa, vi que el cura llevaba otro libro dentro de la biblia. Claro, no podía dejar de leerlo. El problema es que el libro era *El Señor de los Anillos* y se le mezclaron: «Y entonces, Nuestro Señor Jesucristo dijo: dejad que los orcos se acerquen a mí.»

Cuando un libro lo peta tanto, lo normal es que salgan varias ediciones: la normal, de bolsillo, ilustrada... Se tendrían que hacer ediciones en SMS y que las anunciaran por la tele. Por ejemplo, Harry Potter: «¿Quieres que este mago te enseñe la varita mágica?»

Cuando aparece un *bestseller*, te lo has de leer, por presión social. Si no, como todo el mundo lo ha leído, te quedas fuera de las conversaciones. Si quieres hablar de otra cosa, tienes que hacer como que sale del libro: «¿Habéis llegado ya al último capítulo, cuando el Alcorcón le mete cuatro?»

Los intelectuales están en contra de este tipo de libros. Son muy pedantes ellos: «Yo es que prefiero releer el *Ulises* de Joyce.» Pero luego a escondidas sí que se lo leen. Van al váter, fuman y se lo leen. Son esas personas que llevan en el metro el libro forrado con papel de periódico. Normalmente de *El País*. Ya lo dice el refrán:

«Gafas de pasta y libro forrado,
El código Da Vinci asegurado.»

Lo bueno de los *bestsellers* es que si no te gusta leer, al final siempre sale la peli. Yo desde primaria estoy esperando que salgan las pelis de la Enciclopedia Espasa y de los cuadernos de verano Santillana.

Resumiendo, que el *bestseller* es como el caso Gürtel: es un tostón, todo el mundo lo critica, pero al final ha enriquecido a los autores.

EMITIDO EL 29 DE OCTUBRE DE 2009

PRIMER AMOR

Estos días se han publicado las memorias de la que fue el primer amor de Nicolas Sarkozy: Anne Marie Laroche. Ella era profesora de Sarkozy cuando el presidente tenía cinco añitos. No cuesta imaginárselo porque medía lo mismo que ahora. Era el único niño que no jugaba con el barco pirata de los Clicks: lo usaba como medio de transporte.

Según las memorias de esta maestra, un día se le acercó *le petit écolier* y le dijo: «La amo, madame Laroche.» Es normal que un niño de cinco años sienta amor por una persona que tiene nombre de bolsa de magdalenas.

Quiero destacar la frase más importante del libro. Cito textualmente: «Me hacía mucha gracia verle correr, tenía las nalgas más grandes de lo habitual.» ¡Qué fuerte! Sarkozy era un niño atrapado en el cuerpo de Jennifer López.

Sarkozy fue muy precoz en el amor. Tanto que, siendo un feto, intentó ligar con una enfermera durante una ecografía para saber el sexo. Le dijo: «Cuidado, muñeca, que eso no es el cordón umbilical.»

Los niños cada vez empiezan antes en estos temas amorosos. El otro día, en un parque, vi a un niño de tres años que le decía a una niña: «Voy a comer un poco de tierra del parterre; si quieres, te invito.» Y, una vez cenando, ya le entró: «¿Tú haces barro o plastilina?»

El primer amor de verdad suele llegar en la adolescencia. Ser adolescente es muy duro de por sí. Muy duro. Cualquier pequeño problema es una tragedia. «Jo, tengo la cara llena de granos, nadie me quiere y han cambiado de día "Física o química".»

Ahora imagínate cuando se enamoran. El cuerpo humano no está diseñado para soportar tanta hormona. Es como intentar ponerle unas mallas a King África: al final tiene que petar por algún lado.

A un adolescente que está viviendo su primer amor se le conoce porque tiene cara de empanado y mira al horizonte. Y está así todo el día. Puede parecer que esté en un estado vegetativo; hasta que suena el teléfono, entonces se activa y cobra vida: «Holaaaaaa... Creía que te habías olvidado de mí. Como ya hace media hora que no hablábamos...» ¡Pero si te has pasado media hora mirando a la pared con cara de *empanao*! ¿Qué le vas a contar? ¿Que tienes humedades?

Y cuando dos enamorados adolescentes se encuentran en persona es peor. Se empiezan a besar y no paran. Yo tengo un vecino de 18 años que lleva tres semanas besándose con la novia. Sus padres han optado por alimentarlo vía intravenosa.

El tiempo no pasa cuando besas a tu primer amor. Con mi primera novia, nos dimos un beso de tornillo tan largo, que cuando nos despegamos le había hecho una bicicleta de alambre con sus aparatos. «Si me das otro, te hago el ciclista», le dije.

Y luego llega el momento del primer acto sexual. Para ellas tiene que ser un día especial. Para ellos tiene que ser hoy. Para las chicas tiene que ser con alguien especial. Para los chicos tiene que ser con alguien. Y tiene que ser hoy. Para ellas es un momento mágico. Para ellos será un momento, ya verás...

En mis tiempos lo del primer amor era más duro porque no había móviles. «¿Y cómo os llamabais?» «A gritos», le dije ayer a uno. Si querías hablar con tu amor, tenías que llamar a su casa y hablar primero con... su padre.

Sonaba el tono de espera del teléfono, y de repente una voz de trueno: «¿Dígame?» Y tú, haciendo más gallos que nunca: «¿Está Vanesa?» «Sí, ¿qué quieres?» «Eh... hablar de... una cosa que no tiene nada que ver con enrollarnos en el parque esta tarde.» Y el padre: «Como le toques las tetas a mi hija te mato.» Era terrible. Aquel señor tenía la capacidad mágica de notar en tu voz que le querías tocar los pechos a su hija. Pero no era magia. Era memoria. Cuando él era adolescente, las chicas también tenían pechos.

Por eso todos los adolescentes del mundo le deben mucho al inventor del móvil.

EMITIDO EL 5 DE NOVIEMBRE DE 2009

ÍDOLOS MUSICALES

Ya es oficial: ¡Mecano vuelve! Dentro de una semana sacarán un disco-libro con una canción inédita. Es el acontecimiento musical más celebrado desde que Jesulín de Ubrique abandonó el mundo de la música.

En su día, los Mecano fueron auténticos ídolos de masas. Todos sus fans los imitaban. Todas las chicas se maquillaban como... como Nacho Cano, que era ese que tocaba el piano como Dios. Bueno, como Jesucristo, con los brazos en cruz.

Eso sí, Mecano era un grupo con unas letras muy raras: «magdalenas del sexo convexo.» Una curiosa canción que unía sexo y bollería, uno de los temas favoritos de Joan Eloi. O «entre el cielo y el suelo hay algo con tendencia a quedarse calvo». Que tú al principio no reparas en lo que dice la canción, pero cuando llegas a casa piensas: «¿Qué he bailado yo? ¿De qué hablaba esa canción? ¿De Guardiola?» Eh, no pasa nada. Es muy buen entrenador pero está perdiendo pelo. Y se lo puede permitir: el pelo es lo único que ha perdido desde que es entrenador.

Nos hemos enterado del regreso de Mecano el mismo día que el cantante de Aerosmith ha dejado el grupo. Nos referimos a Steve Tyler.

El líder de Aerosmith ha comunicado que quiere dedicarse por completo a su otra gran pasión: ser el doble de María Patiño.

Otra noticia musical del día es que los Jonas Brothers —en castellano, Los hermanos de Juan— están de gira por España. Son esos que cantan aquella canción... la de... Bueno, son unos que se han hecho muy famosos porque defienden que hay que llegar vírgenes al matrimonio. ¿Nos hemos vuelto locos o qué? Cuando yo era joven, y no hace tanto, nadie quería esperar al matrimonio: el objetivo era no llegar virgen a mañana. Estamos involucionando.

No se puede tener esta actitud cuando eres una estrella del rock. Antes las estrellas destrozaban habitaciones de hotel: «Mira que vienen los fulanitos, pues ya aprovechamos para pintar luego», quemaban colchones, tiraban televisores por la ventana mientras se emitía «Sálvame deluxe». ¿Qué locuras harán tres tíos que quieren llegar vírgenes al matrimonio? ¿Hacerse un tatuaje de Hello Kitty?

Otro fenómeno musical de adolescentes es Hannah Montana —en español, Juana del Monte, hermana de María—. Esta serie cuenta la historia de una estrella del pop que tiene que camuflarse para poder llevar una vida normal. Cuando Hannah es una estrella del rock es una chica rubia con los dientes de Jordi Hurtado. Hasta aquí todo normal. Pero ¿qué hace Hannah cuando no quiere que nadie la reconozca?

Su disfraz ultrasofisticado consiste en ponerse una peluca morena.

Si las comparas, son la noche y el día. El ojo humano no es capaz de captar la diferencia. Bueno, cuando Bono se puso pelo, llegó al Congreso y nadie lo conocía. Para que lo reconocieran tuvo que decir: «Ejque ej mi ejcaño.»

Lo peor de estos grupos es que tienen un público muy joven y, cuando hacen un concierto, los padres tienen que acompañar a sus hijos. Esto lo llamaremos provisionalmente «putada». Es muy triste ver a un señor adulto rodeado de cientos de adolescentes excitadas lanzando su ropa interior. Es como estar en una fiesta de Berlusconi.

Los ídolos de los adolescentes siempre son cantantes o actores. A mí me gustaría que admiraran a líderes de más peso. Tú no verás a una adolescente con la carpeta forrada de fotos de Punset. «Jo, tía, es que sabe tantas cosas. Lo escucho hablar de agujeros negros y se me aceleran las partículas.»

En definitiva, el fenómeno de los fans no es nada nuevo. Todos hemos sido jóvenes, incluso nuestros políticos. Dicen que ZP, con 15 años, llevaba las cejas largas, hasta la cintura. Y Rajoy llevaba la carpeta forrada de fotos de Fraga. Lo que no sabemos es si a Camps de jovencito ya le regalaban los uniformes del colegio.

EMITIDO EL 10 DE NOVIEMBRE DE 2009

NIÑOS GORDOS

Según un estudio, uno de cada cinco niños españoles tiene sobrepeso. Aunque no es un dato muy fiable porque algunos niños se comieron la encuesta. Las madres ya no pueden decir a sus hijos: «Que viene el coco y te comerá», porque les contestan: «Ya veremos quién se come a quién.»

El problema es que, además de confundir la dieta mediterránea con comerse todo el Mediterráneo, los niños no hacen deporte. Prefieren quedarse en casa jugando a videojuegos. Concretamente a uno de la Wii que tiene mucho éxito: el Boll-Wii-cao.

La clase de gimnasia es un suplicio para los niños obesos. En mi clase había uno al que el profesor le dijo: «Rebollo, abróchese los cordones de las zapatillas.» Que él decía: «¿Qué zapatillas?» «Las que tiene abajo, Rebollo», porque no las veía. Y después de sudar para agacharse, el Rebollo decía: «¿Esto ya cuenta para el examen?»

A los niños no se les llama gordos hasta cierta edad. Mientras son bebés se dice: «Mira qué niño más hermoso, qué lustroso.» Que la abuela siempre se queja: «Este niño come poco.» «¿Que come poco, abuela? Si él solo ha quebrado la fábrica de Puleva.»

A los niños se les empieza a llamar gordos cuando tienen más pechos que la madre. Hay niños que se pueden amamantar a ellos mismos.

Hay quien lo considera una epidemia. El otro día escuché a unas madres que decían: «Mi hijo ha cogido la porcina.» «¿La gripe?» «No, la figura.»

Hay algunas pistas para saber si tu hijo será obeso. Por ejemplo, si antes de comerse las uñas les echa *ketchup*.

La obesidad infantil también tiene cosas buenas. Ahora, si una madre pierde a su hijo, lo puede localizar con el Google Maps. Y si antes se aprovechaba la ropa de un niño para sus hermanos, ahora pueden aprovecharla para todos los niños de la escalera.

Por cierto, que Ronaldo ha hecho unas declaraciones en las que dice: «Voy a confesarlo, soy gordo.» Son reales. Nadie se había dado cuenta. El entrenador del Madrid lo quería fichar para ponerlo de portero. No por su habilidad, sino por lo que tapa.

Yo creo que para solucionar el problema de la obesidad se debería integrar más el ejercicio físico en la escuela. Por ejemplo, en literatura, sustituir a Sancho Panza por «Sancho Abdominaiser». En geografía sólo se estudiarían los Países Bajos en calorías, y en matemáticas, el «Teorema de Pilates».

Hay gente que hace esto: se comen cuatro paquetes de Donettes, como si mañana se acabara el mundo, y después se beben un Danacol para compensar. ¿Qué te crees? ¿Que el Danacol es ácido? El pobre Danacol va bajando hacia el estómago y cuando ve todo ese chocolate dice: «¡Anda por ahí, hombre!» Es como ponerte los Beatles después de escuchar al Sueño de Morfeo. No sirve de nada, el daño ya está hecho.

Por cierto, que Paul McCartney, al que muchos recordarán por su serie «Se ha escrito un crimen», ha anunciado que defenderá en el Parlamento europeo que hay que comer menos carne. Menos mal que fue al Parlamento europeo, porque si va al africano, lo sacan a patadas. Quiso organizar una protesta delante de un McDonalds pero salió el mismísimo Ronald McDonald, el payaso que da miedo, y le dijo: «¿Desde cuándo hemos servido nosotros carne?»

Yo creo que hay que cuidar a los niños gordos de hoy, porque son los dirigentes de mañana. Se podría decir que Rita Barberá es una avanzada a su tiempo.

Además, hay cosas que sólo puede hacer un gordo. Por ejemplo, tocar la tuba. Es un instrumento diseñado para los chicos que no pueden sostener un violín porque su papada se lo impide. Hay sonidos que asocias a determinadas personas. Yo escucho una tuba... y me imagino a un gordo caminando, o a Manuel Fraga. La tuba no tiene prisa, va a su ritmo. Escucho una flauta, tan pizpireta, porque la flauta es como el pedito de Peter Pan, y me imagino a un *okupa* con un pastor alemán pidiéndome una moneda.

Y, en cambio, si escucho el sonido de una caja registradora, es el timbre de Ricardo Costa.

EMITIDO EL 11 DE NOVIEMBRE DE 2009

CRISIS EN EL PORNO

El *Financial Times* —en español, «El Timo Final»— ha publicado un ranking de ministros de Economía europeos. Nuestra vicepresidenta, Elena Salgado, ha quedado en el puesto 16 de los diecinueve. Eso sí, a Elena le han dado el premio «miss ministra pelo bonito».

Incluso ha quedado por detrás del ministro portugués. No te das cuenta de lo mal que estás hasta que te adelanta Portugal. Son como el Alcorcón de Europa.

Yo no quería hablar más de economía, pero hoy he leído una noticia que me afecta personalmente: la industria del porno está en peligro debido a la crisis. Hasta ahora el porno había esquivado la crisis gracias a Joan Eloi, pero algunas productoras ya han empezado a cerrar. Si el INEM ya era conocido por sus enormes colas, imagínense cuando se llene de actores porno.

¿Cómo he pasado de hablar de Elena Salgado a hablar del porno? Bueno, es igual, me huelo que preferís que siga con lo del porno...

A las actrices porno no les va a costar mucho encontrar otro trabajo, podría decirse que lo tienen chupado. Porque conocen un montón de oficios: enfermera, azafata, oficial de las SS... Y muchas tienen estudios. Bueno, a algunas les gusta tanto estudiar que todavía guardan el uniforme de colegiala. ¿Por qué? Por si hay que volver. «Pero es que te va corto», les dicen. «¡Pues mejor!» «Es que no lleva nada debajo.» «¡¡¡Mejor todavía!!! ¿Es que no ves porno o qué?»

Si finalmente se acaba el porno, que sería como el fin del mundo, yo lo veo así, tendremos que buscar alternativas. Por ejemplo, ver los documentales de la 2, que siempre puedes pillar una cópula. Aunque tú lo normalizas, tú estás en el sofá con tu niño y se ve el elefante macho intentando perpetuar la especie con la elefanta, y sale ese tobogán... Pero, claro, como es naturaleza no es porno. Como ella no se gira ni fuma, no es porno. Y tu hijo te pregunta: «¿Qué es eso, papá?» Y tú improvisas: «Eso es otro elefante largo que va dentro, ya lo verás cuando vayas a África, allí todo es más grande.»

Los documentales de animales no son porno. Aunque siempre puedes imaginarte que llega el león con un traje de fontanero: «Hola, parece que hay un escape en este matojo.» Y la leona: «Uy, qué calor hace en la sabana. Voy a ponerme cómoda.»

Una de las formas de hacer que la gente compre películas porno es versionar películas taquilleras. Ya saben, tipo *La guarra de las galaxias*. Pues yo creo que deberían hacerlo también con las pelis españolas. Por ejemplo: *Mapa de los sonidos del coito*, *Los hímenes de Oxford* o *La cerda y 211*.

La crisis también afecta a la revista *Playboy*. Están pensando en cerrar, lo que pasa es que no pueden, a ver quién cierra esa puerta con todas las chicas dentro. Se ve que sus ventas están más bajas que la mirilla de Chiqui de «Gran Hermano». Dicen que la culpa es de Internet. Hay jóvenes en cuyo disco duro sólo hay porno. Hasta el clip de Windows les sale en tanga y con dos mulatas al lado. «Parece que quiere usar el Joystick. ¿Necesita ayuda?»

La cosa está tan mal que «la mansión Playboy» podría pasar a llamarse «Vivienda de Protección Oficial Playboy».

Si cierran Playboy, se va a perder ese momento mágico de ir a comprar una revista erótica. Que los quiosqueros, por cómo dices «hola», ya saben la revista que quieres. Si dices un «hola» atontado mascando chicle, ya saben que quieres la *Súper Pop*. Si frunces el ceño, te acaricias la barbilla y dices, como pensando: «Hola, buenos días...», quieres la revista *Muy Interesante.* Y si entras y dices muy deprisa y mirando a todos lados: «Bueastards», ya saben que quieres el *Muy Interesante* pero con el *Penthouse* dentro.

La gripe A también se está cebando con la industria del cine erótico. Claro, si no puedes dar la mano a la gente, ¿cómo vas a rodar una película X? ¿Con miradas muy intensas? Eso no es porno, es una peli de Isabel Coixet.

Una forma barata de hacer películas X es el porno casero. Gente que se graba con una cámara doméstica practicando sexo. Eso sólo se hace con el porno. Nadie se graba haciendo *Titanic* en la bañera de su casa. «¡Soy el rey del váter!»

El problema del porno casero es saber guardar bien las cintas y si me apuran borrarlas. Yo vi el video de las vacaciones de unos amigos en Mallorca y os aseguro que nunca había visto a nadie comerse una sobrasada con tanto entusiasmo.

EMITIDO EL 17 DE NOVIEMBRE DE 2009

CREPÚSCULO

Ya se ha estrenado la segunda parte de *Crepúsculo*: *Luna nueva*. Tiene nombre de disco de Rosana, pero es una película de vampiros adolescentes. Una mezcla de *Drácula* y «Física o química»: «Jo, tía, ¿te vienes al banco de sangre y nos hacemos unos calimochos?»

La saga de *Crepúsculo* es un fenómeno entre los jóvenes; yo mismo estoy enganchado. Se están bajando tanto la peli que el eMule ha cambiado la mula por un caballo percherón. Hasta *Súper Pop* se está adaptando a los jóvenes vampiros. Esta semana llevaba el reportaje: «Cómo hacer un chupetón sin matar a tu novia.»

La protagonista de *Luna nueva* es una joven que se lía con un vampiro. Hasta aquí todo normal. Pero es que el vampiro lleva cien años siendo adolescente, ahí empieza lo raro. Cuidado. Cien años con el pavo. Debe de estar desesperado: «Quiero cambiar la voz de una vez.» Claro, son cien años hablando con gallos, como la duquesa de Alba.

De hecho, *Luna Nueva* es un poco como la historia de la duquesa: el novio nunca envejece, y ella sí. La diferencia es que en la película el chico no le chupa la sangre a su novia.

La familia del chico también son vampiros. Es una familia como cualquier otra. «Niño, hasta que no te hagas el ataúd no te doy la baticao de plasma. Y ponte los *brackets* que se te están poniendo los colmillos muy feos.»

En *Luna nueva* la chica corta con el vampiro, porque al final te cansas de su rollo. Tanto «me tengo que ir» y salir volando convertido en murciélago cansa. Pues deja al vampiro y se lía con un hombre lobo. Es lógico: con lo que les gusta a las chicas depilar el entrecejo a sus novios.

Los hombres lobo, en esta película, son un poco como los italianos. Huelen cuando una chica va a cortar con el novio. Éste es un poder que sólo tiene el pueblo italiano. Que ellas todavía no han acabado de decir «tenemos que hablar» y ya están ahí moviendo el rabo: «*Ciao, bellissima!*» Y aullando.

De hecho, tú sabes que una chica está cortando con el novio porque ves a cien italianos puestos en un cable telefónico, como en la peli de *Los pájaros*.

¿Cómo llevas a un novio lobo a casa de tus padres? Eso siempre es un trago: «¿Qué os ha parecido mi novio?» Y el padre: «Hombre, que me oliera la entrepierna no me ha gustado mucho.»

El vampiro de *Crepúsculo*, además de una fuerza sobrehumana, tiene el poder de leer la mente de sus compañeros de instituto. Claro que tampoco hace falta ser un genio para leer la mente de un adolescente. Sexo, sexo y sexo. Algunos piensan tanto en eso que si les tocas el acné de la frente, puedes leer la palabra «sexo» en braille.

Afortunadamente, en España no hay muchos casos de vampirismo, porque contamos con sus peores enemigos: sol y ajo. Que ya es triste ser inmortal, pero que además la fideuá de un chiringuito pueda acabar contigo... Vaya muerte más tonta. Imagínate al vampiro de *Crepúsculo*, que se está enrollando con una chica y de repente a ella se le repite el ajo y suelta un eructo. Un acto de consecuencias fatales. Y luego en el entierro de vampiros: «Ayyy... pobrecillo. Murió de un regurgito.»

Eso sí, los vampiros son tíos muy elegantes. Eso sí que me da mucha envidia: como no tienen prisa, no mueren nunca. Son los Francisco Camps de las novelas de terror. Pero se pagan ellos la capa. Como son tan elegantes, siempre eligen a actores guapos para interpretarlos: Tom Cruise, Brad Pitt, o Chiquito de la Calzada.

Lo que me tranquiliza es que resulta muy fácil reconocer a un vampiro. Si ves a un tipo muy blanco, persiguiendo a mujeres y que sólo sale de noche, no falla: o es un vampiro, o es un jugador del Real Madrid.

EMITIDO EL 18 DE NOVIEMBRE DE 2009

ERRORES DEL CUERPO HUMANO

Hoy se cumple el 150 aniversario de la teoría de la evolución. Una teoría según la cual el ser humano viene del mono. Tampoco hacía falta ser un genio para descubrirlo. Bastaba con buscar «Luis Aragonés» en Google Imágenes.

Según la teoría de Darwin, los animales se van adaptando al medio en el que viven, y desarrollan más los miembros que más utilizan. Por eso yo tengo la lengua muy grande. En cambio, Joan Eloi no puede llevar *slips* ajustados.

Todavía hay gente que niega esta teoría y asegura que Dios hizo todos los animales el mismo día. Empezó por los ponis y los dálmatas y ya a última hora dijo: «¡Ostras! Aún no he hecho los percebes y está a punto de empezar la peli de Chuck Norris. Bah, los haré con las pezuñas de cabra que me han sobrado.» Y luego está el ornitorrinco, que se lo encargó a un becario.

Los detractores de la teoría de la evolución aseguran que Dios hizo al hombre a su imagen y semejanza. Alto, *stop*, un momento. Obviamente es gente que no ha visto nunca a Pozí. ¿Qué pasa?, ¿que con el Pozí perdió los planos?, ¿o que los miró al revés?

El hombre no puede estar hecho a imagen y semejanza de Dios. No puede ser que llegues al cielo, con toda esa energía, esa fuente de luz, y lo primero que te digan sea: «¿Te has fumado un porro, Amparo?»

En cambio, los evolucionistas opinan que el ser humano sigue en constante evolución. Viendo a Scarlett Johansson, no sé cómo pueden mejorarlo. ¿Poniéndole un surtidor de cerveza?

Dicen que dentro de mil años no tendremos meñiques en los pies. Igual Fraga camina así porque ya ha evolucionado.

Ya que nos quitarán los meñiques los podrían cambiar por otra cosa. Que nos pongan un sacacorchos. Bueno, hay uñas de los pies con las que podrías descorchar una botella. El típico amigo que te ralla el parqué de casa. «Anda, el parqué, tenéis perro, ¿no?» «No, tenemos amigo.»

Los pies son una parte del cuerpo mal acabada. Igual, en lugar de eliminar el meñique, habría que replantearse el pie entero. Siempre hay un dedo demasiado largo, un hueso demasiado salido o una uña demasiado gruesa. Lo digo porque he visto el pie de Corbacho, y me costó casi un mes volver a conciliar el sueño, unos pies amenazantes, como garras. Corbacho se puede sostener en una rama sin ningún problema. Por no hablar de que tengo una vecina que se hizo una peineta con la uña del dedo gordo del pie. Y a su hijo, que es antidisturbios, le hizo un escudo.

Yo, puestos a quitar, quitaría más cosas del cuerpo. Por ejemplo, ¿el pelo de las orejas es necesario? Yo nunca he tenido frío en el oído interno. Hay señores mayores a los que les cae el pelo en cascada que se han hecho trenzas, y también he visto a tíos ponerse acondicionador en las orejas.

El pelo del cuerpo, en general, está mal repartido. Nunca está dónde uno quiere. Hay hombres que se han quedado calvos pero que no han perdido el pelo: se les ha desplazado a la espalda. A Zapatero, en cambio, le pusieron todo el pelo en las cejas, y a Anasagasti se lo pusieron sólo en un lado de la cabeza.

Otra parte del cuerpo que no hace falta es la papada. ¿Para qué sirve, para guardar comida? Hay gente que tiene una papada que parece otra cara, que no tiene nariz de milagro.

La evolución es un misterio. Dicen que sólo sobreviven los más fuertes. Tú haces un duelo entre un tiranosaurus y una ardilla y, a priori, no apuestas por la ardilla. Pues a veces la evolución falla, como en el caso del Madrid–Alcorcón.

Yo creo que los paleontólogos del futuro encontrarán fósiles de Carmen de Mairena y no entenderán nada. Dirán: «Los monos evolucionaron para ser hombres y luego retrocedieron en la escala evolutiva.»

Nadie sabe cómo será el hombre dentro de mil años. Lo único que se atreven a asegurar los científicos es que Jordi Hurtado seguirá presentando «Saber y Ganar».

EMITIDO EL 24 DE NOVIEMBRE DE 2009

LIGAR A LOS CUARENTA

Ya es oficial: la Infanta Elena vuelve a estar soltera. Algunos ya la habréis visto en la web de ligues: «Mític.com.» Su perfil es: «Joven campechana quiere que la traten como a una reina.» Si queda con alguien le dice: «Me conocerás porque llevaré una flor en la solapa y quince guardaespaldas.»

El juez ha decretado, esto es cierto, que Marichalar debe pasar una pensión a la Infanta. Se ve que con la pensión que le pasamos todos los españoles no le llega.

La Infanta se ha quedado con la custodia de los niños. Ahora competirán con Marichalar para ver quién hace mejores regalos a los niños. Froilán se va a poner las botas: «¿Que tu padre te ha regalado la Play? ¡Pues yo te regalo Lugo!» «Ay, es que Lugo no me gusta.» «Pues ve con tu tío y que te regale Asturias.»

Ya que al Príncipe Felipe le fue bien con Letizia, a lo mejor la Infanta debería casarse con Pedro Chucky Piqueras. Qué mal rollo estar casada con Pedro Piqueras. Que cuando la Infanta le pregunte: «¿Cómo te ha ido el día, cariño?», él contestará: «Espeluznante, dramáticas retenciones en la M-30.» Este tío encontraría tragedias hasta en los «Teletubbies»: «Tinki winki sobrevive a una brutal bajada en tobogán bajo la atenta mirada de Dipsi.»

Ahora que la Infanta está de nuevo en el mercado, he pensado que volver a ligar pasados los cuarenta es complicado... Para algunos. Esos hombres con la camisa abierta, demasiado abierta en algunos casos, pegados a la barra, adosados, con un vaso de cubata y un cigarro del que les cae la ceniza en la camisa. Ya salen de casa así. Hay una discoteca en Barcelona que tiene la marca de la espalda y los codos de un tío que estuvo quince años en la misma postura. El día que ligó, un disgusto todos... hasta pensaban que era el dueño. Colgaron del techo de la discoteca su vaso de cubata y su cigarro, como en la NBA.

La actitud del cuarentón en una discoteca va cambiando según la hora. A las doce piensan que pueden seleccionar a sus presas. A las cuatro, cuando ya ponen Raffaella Carrà y ven que van a cerrar, les entra el pánico. Es como el juego de las sillas, tienes que ligar antes de que acabe la canción. Es una cuenta atrás. Ahí es cuando les sale la fiera que llevan dentro, que parece un capítulo de «El hombre y la tierra». El cuarentón de discoteca se abalanza sobre cualquier cosa que respire, aunque sea el segurata, y lanza su grito de apareamiento: «Eh, titi, ¿quieres flipar por un tubo?» Que a una chica hoy le dices: «Titi, ¿quieres flipar por un tubo?» y llama a su padre. Pero no para que te pegue, sino para que traduzca lo que le has dicho.

A algunos divorciados los ves en las discotecas y se les nota mucho que no están en su hábitat natural. Es como poner a Belén Esteban a presentar «Redes». «Yo por la relatividad ma-to.»

Afortunadamente para los cuarentones, ahora hay otras formas de ligar. Por ejemplo, el «*speed dating*», que consiste en minicitas de tres minutos. Tiempo de preguntar «¿estudias o trabajas?» Si te viene la Infanta Elena, «¿esquías o inauguras?»

Hay quien para ligar se decanta por Internet. Se ponen un *nick* como «Coyote-solitario-46-BCN» o «Brujita-Madrid-26.» Que el veintiséis no es la edad, sino el año de nacimiento. Y cuelgan fotos de cuando eran jóvenes, con sus pantalones de campana y sus patillas. Que luego les preguntan: «Ah ¿sales en "Cuéntame"?»

Hay un momento que temen todos los divorciados: encontrarse con su ex. La gente se pone más tensa que Chuck Norris en una *mascletà*. Si te has separado hace poco, tienes como un síndrome que crees que te la vas a encontrar por todas partes. Uno un día me dijo: «No te gires; ahí está mi ex. Disimula.» Que pensé: ¿yo tengo que disimular? Y yo: «Pero si estamos solos viendo el fútbol y ése es Guti.»

Desde aquí le deseamos lo mejor a la Infanta. Y si quiere encontrar pareja proponemos que coja el discurso de Navidad del Rey y añada: «Si hay algún joven soltero de sangre azul, que mande Bribón al 77777.»

EMITIDO EL 26 DE NOVIEMBRE DE 2009

CIRCO

Estos días se ha sabido que el Cirque du Soleil podría ponerse a la venta. Para el que no lo sepa, el Cirque du Soleil es como el circo de Ángel Cristo, pero sin leones que se comen domadores, dirigido por Isabel Coixet, con el vestuario de Locomia y con más maquillaje que todas las cajeras de El Corte Inglés juntas.

La empresa Dubai World, propietaria del circo, quería montar un espectáculo fijo en los Emiratos Árabes, sólo para ellos, qué caprichosos. Aunque yo creo que una mujer barbuda con burka pierde mucho.

De todas formas, al final no podrán hacerlo. Se ve que la empresa tiene las cuentas más retocadas que los pómulos de Ana Obregón. Ya les ha dicho a los artistas del circo que se busquen otros empleos.

Las contorsionistas chinas son algo característico del circo del Sol. Son como Aznar: pequeñitas y retorcidas. Curiosamente, las contorsionistas siempre son chicas. Supongo que es porque si los hombres tuvieran esa flexibilidad... en ningún caso sería un espectáculo para niños.

El circo es como Joan Eloi: si le quitas la música, pierde el encanto. Tú, a cualquier acción le pones la música del Cirque du Soleil, «Alegríaaaaaaa», y ya te parece que es la leche. Hasta Montilla recitando el Estatut parecería emocionante.

A mí me encanta el mundo del circo. Para empezar, los nombres. Para poner nombre a un circo tienes que ir a lo grande: «Circo del Sol», «Circo Mundial», «Circo Universal.» Todo cosas grandes. No puedes llamarlo «Circo Andorra», con un funambulista caminando por los cables del telesilla y un tío levantando Toblerones.

El nombre tiene que ser grandilocuente. Un día harán el «Circo del Cosmos», con Punset de maestro de ceremonias. El Gran Punsetti: «Ahora pasaré por una cuerda y comprobaréis la fuerza de la gravedad, cuando me estampe contra el suelo.»

Que por cierto: ¿quién lleva el tema de riesgos laborales en los circos? «Mira, ahora cruzarás este cable, montado en una moto, y harás tres volteretas en el aire. Eso sí, llevarás un paraguas por si pasa algo.» Claro, si caigo quedo como el Coyote pero me preocupa mucho que vaya a llover.

Trabajando en un circo no puedes tener un día malo. Si eres transportista y te desvías por error... pues no pasa nada, la sangre no llega al río. En cambio, si se desvía por error el lanzador de cuchillos, al río no sé, pero a la primera fila seguro que llega.

Hoy en día el circo está de capa caída porque en muchos sitios se prohíbe el circo con animales. Dicen que para ver fieras salvajes ya está «Sálvame».

Los circos tienen un punto decadente. Que ves a los animales hechos polvo, fumando. Hay leones que se han vuelto a la selva: «Mira, lo dejo.» Luego lo explican como si hubieran estado en la cárcel: «Una vez se me cayó el jabón en la ducha, y vino el elefante por detrás, y... fue horrible.»

El circo está lleno de gente extraordinaria, estrambótica, excéntrica. Mira los faquires. Unos señores, vestidos como Simbad el marino, que se pinchan y se tragan espadas. ¿En qué momento de tu vida piensas: «Voy a meterme una espada por el esófago, a ver qué pasa»? Que eso no es normal, tú no ves a niños que digan que de mayor quieren ser faquires. Quieren ser futbolistas o astronautas; no hay ningún niño que diga: «Yo quiero ser faquir y dame un plato que me lo rompo en la cabeza.» Que luego sale el payaso dándose un tartazo y le aplauden más, y eso al faquir le jode. Que el faquir debe de pensar: «Joer, yo me acabo de tragar una espada del Señor de los Anillos, que me he fileteado las amígdalas, y aplauden a este tío que no sabe ni andar.» Y la mujer: «Anda, acábate el bocata de clavos, que tienes otra función.»

Otro aspecto que me fascina del circo: ¿por qué los payasos hablan con la *ch*? «¿Cómo echán uchedeeech?» Eso sólo lo hacen ellos y el señor Barragán. Lo que no sé es si al acabar la función siguen hablando así: «Pues chí, chengo que pagar la hipocheca de la ruloch, y no ché chi voy a chegar.» Y el otro: «Puech yo voy a monchar un canal de televichión: La Chechta.» «Anda, ¿tú eres Emilio Aragón?» «Chiiiiiiiii.»

EMITIDO EL 8 DE DICIEMBRE DE 2009